Veröffentlichungen
der Vereinigung der Deutschen Staatsrechtslehrer.
Heft 1.

Der deutsche Föderalismus.
Die Diktatur des Reichspräsidenten.

Referate
von

**Gerhard Anschütz, Karl Bilfinger, Carl Schmitt
und Erwin Jacobi.**

Verhandlungen der Tagung der deutschen Staatsrechtslehrer
zu Jena am 14. und 15. April 1924.

Mit Eröffnungsansprache und einer Zusammenfassung der Diskussionsreden

Berlin und Leipzig 1924.
Walter de Gruyter & Co.
vormals G. J. Göschen'sche Verlagshandlung — J. Guttentag, Verlags-
buchhandlung — Georg Reimer — Karl J. Trübner — Veit & Comp.

Unveränderter photomechanischer Nachdruck 1973

ISBN 3 11 006003 5

Printed in the Netherlands

Inhalt.

I. Eröffnungsansprache

von Geheimrat Professor **Dr. Triepel.**

Der erste Vorsitzende, Geheimrat Professor Dr. Triepel-Berlin eröffnete die Tagung mit folgender Begrüßungsansprache:

Hochgeehrte Herren! Liebe Kollegen!

Im Namen des Vorstandes der Vereinigung deutscher Staatsrechtslehrer habe ich die Ehre, Sie zu Beginn unserer diesjährigen Tagung aufs herzlichste willkommen zu heißen.

Unsere Versammlung reiht sich an unsere Berliner Gründungstagung nach einer Pause, die länger war, als es uns unsere Statuten gestatten. Wir hatten in der Tat auch zunächst beabsichtigt, Sie im vergangenen Herbste zusammenzurufen. Welche Hindernisse sich damals unserem Plane entgegenstellten, ist so bekannt, daß ich mich darüber nicht erst auszulassen brauche, und ich darf wohl annehmen, daß Sie Ihrem Vorstande für die begangene Satzungswidrigkeit Indemnität erteilen. In diesem Frühjahre glaubten wir wagen zu können, was uns im Herbste unmöglich erschien. Freilich sind auch jetzt die äußeren Verhältnisse noch nicht so beschaffen, wie wir wünschen möchten. Um so mehr aber erfüllt es uns mit Freude, daß Sie unserem Rufe in einer Zahl gefolgt sind, die unsern Erwartungen nicht nur entsprochen, sondern sie übertroffen hat.

Mit besonderer Herzlichkeit begrüße ich in unserer Mitte einen der Veteranen unserer Wissenschaft, den von uns Allen hoch verehrten Herrn Geheimen Justizrat Professor Philipp Zorn. Wir freuen uns, ihn in rüstiger Frische unter uns zu sehen, und erhoffen von der abgeklärten Reife seiner Erfahrung einen reichen Gewinn für unsere Verhandlungen. Einen warmen Willkommengruß möchte ich ferner unseren Kollegen aus Österreich zurufen, die zum ersten Male an unsern Beratungen teilnehmen. Daß sie und wir die Jünger einer einheitlichen deutschen Wissenschaft sind, darüber brauche ich kein Wort zu verlieren. Daß unsere Wirkungsstätten getrennt sind durch eine Grenze, die eine neidische Hand gezogen hat, ist unser Kummer. Wenn wir heute und morgen über Grundfragen unseres bundesstaatlichen Lebens verhandeln, so müssen unsere österreichischen Freunde uns sagen: *vestra res agitur, non nostra.* Aber daß die Zeit kommen wird, da wir uns, befreit von einer unnatürlichen Trennung, mit einer Verfassung Gesamtdeutschlands zu beschäftigen haben werden, das ist für uns Alle nicht nur der Gegenstand einer Hoffnung, sondern der Inhalt innerlichster Gewißheit. Denn nichts ist gewisser als dies, daß sich eine große Nation, wie die deutsche, die Einheit ihres Staates auf die Dauer von keiner äußeren Gewalt, und sei es das Diktat einer ganzen Welt, wird versagen lassen.

Ich habe ferner die Ehre, eine Reihe werter Gäste begrüßen zu dürfen.

Zunächst Seine Magnifizenz, den Herrn Rektor der Universität, den Herrn dieses Hauses, dem wir zu besonderem Danke verpflichtet sind für die Güte, mit der er uns diesen schönen, von der Hand eines begnadeten Künstlers geschmückten Saal zur Verfügung gestellt hat. Durch welche geistigen Beziehungen gerade wir Lehrer des Staatsrechts mit der Universität Jena verknüpft sind, darüber möchte ich nachher einige Worte sagen. In diesem Augenblicke aber ist es mir Bedürfnis, zum Ausdrucke zu bringen, mit welcher Anteilnahme wir Professoren des öffentlichen Rechts im vergangenen Jahre die thüringische Gesamtuniversität in dem schweren Kampfe begleitet haben, den sie für das Recht akademischer Selbstverwaltung zu führen gezwungen war, für ein Recht, ohne das die uns verfassungsmäßig zugesicherte Freiheit von Lehre und Forschung nicht einen Tag lang bestehen kann.

Ich begrüße ferner aufs herzlichste den Herrn Dekan und die Mitglieder der Jenenser Juristenfakultät. Mit Vielen von uns seit langer Zeit in wissenschaftlicher und persönlicher Freundschaft verbunden, haben Sie, meine Herren Kollegen von Jena, heute einen besonderen Anspruch auf unseren Dank. Ihre freundliche Einladung hat uns hierher gerufen, die Last der Vorbereitung unserer Zusammenkunft lag auf Ihren Schultern, und die Gastlichkeit, mit der Sie uns empfangen, hat uns vom ersten Augenblicke unseres Hierseins an beglückt und erhoben.

Ich heiße weiterhin in unserm Kreise den Herrn Vertreter der Thüringischen Landesregierung willkommen. Der Staat Großthüringen ist von seiner Entstehung an für uns Staatsrechtslehrer immer ein Gegenstand besonderen Interesses, freilich auch zuweilen ein Gegenstand banger Sorge gewesen. Wir wünschen dem schönen Lande der Waldberge, dem Lande, in dem uns die Wartburg, Weimar und Jena an die stolzesten Taten deutschen Geisteslebens erinnern, dem Lande, aus dem als einer Herzkammer Deutschlands seit vier Jahrhunderten immer wieder Ströme des Lebens durch den Leib des deutschen

Volkes geflossen sind, daß es die Bahn zu ruhiger staatlicher Entwicklung und den Weg zu sozialem Frieden finden möge.

Ich begrüße weiterhin als unsere Gäste eine Reihe von Mitgliedern des Oberlandesgerichts und des Oberverwaltungsgerichts. Auch zu diesen beiden hohen Kollegien haben wir gleichzeitig sachliche und persönliche Beziehungen. Wir erblicken in ihnen nicht nur hervorragende Gerichtshöfe, deren Rechtsprechung für unsere Wissenschaft manche fruchtbare Anregung geboten hat. Wir stehen auch mit ihnen in einer Art Personalunion, da sie seit Jahren immer wieder einzelnen unserer Mitglieder den Platz auf einer Richterbank und damit die Gelegenheit vergönnt haben, die Arbeit für die Wissenschaft durch die Erfahrungen der Praxis lebendig zu gestalten.

Endlich heiße ich unter uns willkommen das Oberhaupt der Stadt Jena, in deren Mauern wir eine so freundliche Aufnahme gefunden haben. Wer, wie ich, den Zauber der schönen Saalestadt zum ersten Male vor bald vierzig Jahren empfunden hat, da er als fahrender Student durch die alten Straßen zog und zum Fuchsthurm emporklomm, der empfindet, wenn er das heutige Jena durchstreift, den starken Gegensatz zwischen dem Einst und dem Jetzt. Das alte Jena war, wie mir scheint, behaglicher, das neue ist dafür stattlicher. Aber es mag sein, daß Jugenderinnerung verklärt. Auf jeden Fall bewundern wir, was hier in Jena die Weitsicht einer weisen Verwaltung im Verein mit dem Opfersinn hervorragender Bürger, deren Namen alle Welt kennt, im Laufe eines Menschenalters geschaffen hat. Und wir bewundern die Kunst, die das Neue aus dem Alten ohne Gewaltsamkeit hat hervorwachsen lassen und dadurch den Reiz des Alten im Neuen bewahrt hat.

Meine Herren! Wenn wir uns entschlossen haben, eine Tagung, die wichtigen Fragen des Staatsrechts gelten soll, in Jena abzuhalten, so entsprang das nicht nur dem Wunsche, einer gütigen Einladung zu folgen, und nicht nur der Absicht, für unsere Zusammenkunft einen für Alle bequemen, weil inmitten Deutschlands, gelegenen Ort zu wählen. Es hatte daneben weit tiefere Gründe. Indem wir nach Jena gingen, begaben wir uns auf einen für die Wissenschaft des Staatsrechts und der Staatslehre klassischen Boden.

Wer mit der Geschichte der Rechtswissenschaft vertraut ist, der weiß, daß zuerst in Jena das deutsche Staatsrecht in einer der Kunst älterer Rechtsdisziplinen ebenbürtigen Weise systematisch gelehrt worden ist. Es sind jetzt drei Jahrhunderte vergangen, daß Dominicus Arumaeus hier doziert, geschrieben und jene trefflichen staatsrechtlichen Dissertationen angeregt und beeinflußt hat, um deren Fülle ihn heute mancher Fachgenosse an einer größeren deutschen Universität beneiden möchte. Allein ich will in dieser Stunde Ihren Blick nicht auf diese ehrwürdige Gestalt aus der Frühzeit der Universität Jena lenken. Ich will auch nicht dabei verweilen, daß viele Andere, denen unsere Wissenschaft wertvolles zu verdanken hat, hier dauernd oder vorübergehend gelehrt haben, — in früheren Tagen Männer wie Burchard Gotthelf Struve oder Andreas Joseph Schnaubert, in späterer Zeit Karl Friedrich Gerber, Hermann Schulze oder Georg Meyer. Sondern ich möchte Sie daran erinnern, daß hier vor etwas mehr als einem Jahrhundert die beiden großen Philosophen gewirkt haben, denen — jedem in seiner Art — auf Staatslehre und Staatsrecht ein für Generationen bestimmender Einfluß beschieden gewesen ist. In Jena ist Fichtes Grundlage des Naturrechts entstanden, hier ist sie erschienen. In Jena schrieb Hegel den ersten Band seines gewaltigen Systems. Unter dem Kanonendonner der Schlacht, die den Namen dieser Stadt empfangen hat, ward die Phänomenologie des menschlichen Geistes vollendet, und als ihr Verfasser den siegreichen Kaiser die Straßen durchreiten sah, da mochte er glauben, den dröhnenden Schritt des sich in der Geschichte Wirklichkeit gebenden Weltgeistes mit Deutlichkeit vernehmen zu können. Es ist wahr, daß sich eine spätere Zeit bei der Behandlung von Staat und Recht von dem kraftstrotzenden Ichbewußtsein des Fichte der Jenenser Periode und von einer Anschauung, die Staat und Gesetz letztlich auf den Willen des Individuums stellt, eben so sehr entfernt hat wie von Hegels Staatsphilosophie, der im Staate allein das Ganze als Zweck, die Einzelnen nur als Momente eines sich als selbständige Gewalt realisierenden Wesens erscheinen. Ja, es gilt heute bei Manchen als ausgemacht, daß die Hegelsche Philosophie die letzte geistige Ursache unseres nationalen Unglücks gewesen sei, — freilich meist bei solchen, die Hegel entweder nicht gelesen oder nicht verstanden haben. Aber das Gesetz von der Erhaltung der Kraft ist gültig auch für die Kraft großer Gedanken. Was die Großen der Philosophie des deutschen Idealismus gedacht und gelehrt haben, wird in dieser oder jener Gestalt doch immer lebendig bleiben. Und vielleicht ist es gerade unsere Zeit, der die Aufgabe gestellt ist, die Versöhnung herbeizuführen zwischen einer Staatsauffassung, die Recht und Staat nach den Maßstäben individueller Vernunft zu meistern sucht, und der anderen, die den Staat selbst als die Wirklichkeit der sittlichen Idee und damit als die fleischgewordene Vernunft betrachtet, der sich der Einzelne mit freier Einsicht zu fügen hat. Wie dem aber auch sei, — wir huldigen in dieser Stunde der Universität Jena als der Hochschule, die ein Menschenalter hindurch der vornehmste Sitz und die edelste

Pflanzstätte des deutschen Idealismus gewesen ist, in einer Zeit, die trotz vieler äußeren Bedrängnis glücklicher war als die unsrige. Denn glücklich preise ich das Geschlecht, das sich tragen läßt von dem bergeversetzenden Glauben, daß es nicht rohe Gewalten des Zufalls, sondern daß es Ideen sind, die den Gang der Geschichte und die Schicksale der Menschheit bestimmen.

Seit wir, meine Herren, das letzte Mal versammelt waren, hat sich freilich manches zugetragen, was den Glauben an die bezwingende Macht sittlicher Ideen, vor allem den Glauben an die Kraft der Rechtsidee, ins Wanken bringen könnte.

Wenige Monate nach unserer Berliner Tagung geschah von dem vielen Unerhörten, das wir in den letzten Jahren erleben mußten, das Unerhörteste: die gegen geschriebene und ungeschriebene Sätze des Völkerrechts gröblich verstoßende Besetzung deutschen Bodens durch Frankreich und Belgien. Wir haben hier nicht die Aufgabe, über diesen schmählichen Vorgang juristische Erörterungen anzustellen. Aber ich meine doch: wo Männer des öffentlichen Rechts in feierlicher Stunde versammelt sind, da dürfen sie an dem öffentlichsten allen Unrechts, an jener Tat der Vergewaltigung und an den rohen Missetaten eines rachsüchtigen Siegers gegenüber Leben, Freiheit und Eigentum deutscher Bürger an Rhein und Ruhr nicht lautlos vorübergehen. Gambetta hat einst gesagt, daß es Dinge der internationalen Politik gebe, an die man stets denken, von denen man aber niemals sprechen dürfe. Aber das, was er damals im Sinne hatte, war etwas anderes als das, was uns heute bewegt. Über das, was uns von feindlichen Mächten widerfahren, dürfen wir nicht schweigen. Wir müssen von ihm reden, immer und immer wieder reden, bis endlich, endlich einmal die Welt um uns erkennt, daß die Gerechtigkeit eine Göttin ist, die sich nicht dauernd spotten läßt.

Wenn freilich ein Volk auf sein Recht im Verhältnisse zu andern Völkern pocht, so sollte es mit um so größerer Sorgfallt darauf achten, daß die Rechtsidee in seinem eigenen Bereiche so vollkommen wie möglich verwirklicht werde. Wir haben leider in dieser Hinsicht, wenn wir die Geschichte des letzten Jahres an uns vorüberziehen lassen, keinen Anlaß, auf uns stolz zu sein. Es scheint, als ob die durch einen mehrjährigen Krieg herbeigeführte Rechtsverwilderung bei uns zu einer chronischen Krankheit werden will. Und es ist schlimm, daß sich diese Verfallserscheinung auch an hohen Stellen zeigt, die in der Beobachtung von Verfassung und Gesetz dem Volke ein Vorbild sein sollten. Wir müssen weit in die deutsche Geschichte zurückgreifen, um Vorgänge anzutreffen, die denen gleichen, die wir in junger Vergangenheit erlebt haben, — Vorgänge, bei denen man, um ein Wort des verewigten Max Seydel zu brauchen, über Verfassungsartikel dahin gejagt ist wie ein scheu gewordenes Pferd über den Topfmarkt. Und was am schlimmsten ist, auch die Träger unserer Gesetzgebungs- und Verordnungsgewalt lassen sich nicht immer führen von dem, was der Leitstern der Gesetzgebung sein sollte: von willkürfreier, nur auf sachliche Erwägungen gestützter Gerechtigkeit. Wir haben gewiß hier nicht die Aufgabe, anzuklagen. Aber zu mahnen, das ist in ernster Zeit unser, der deutschen Staatsrechtslehrer, gutes Recht, ja unsere heilige Pflicht. *Justitia est fundamentum non solum regnorum, sed etiam rerum publicarum.*

Lassen sie das aber, meine Herren, auch gelten als eine Mahnung an uns selbst. Möchten alle unsere Beratungen, an jeder Stelle, getragen sein von dem festen Willen, der Auslegung des geltenden Rechts sowohl wie den Vorschlägen für die Entwicklung unseres öffentlichen Rechts die Rechtsidee und, was dasselbe ist, die Gerechtigkeit zugrunde zu legen. Leben wir doch alle der Überzeugung, daß es, um mit dem deutschesten der deutschen Philosophen zu sprechen, keinen Wert mehr hat, daß Menschen auf Erden leben, wenn die Gerechtigkeit untergegangen ist.

Mit dem Wunsche, daß es uns beschieden sein möge, an unserem Teile zur Verwirklichung der Rechtsidee beizutragen, erkläre ich die diesjährige Tagung unserer Vereinigung für eröffnet.

II. Erster Beratungsgegenstand:

Der deutsche Föderalismus in Vergangenheit, Gegenwart und Zukunft.

1. Bericht von Geheimem Justizrat Professor **Dr. Gerhard Anschütz** in Heidelberg.

Konstruktive Untersuchungen über den Begriff „Föderalismus" sind nutzlos, wenn man dabei nicht stets zugleich auch den Gegenbegriff, den des Unitarismus, im Auge behält. Nur auf der Folie dieses Gegenbegriffes läßt sich der Begriff Föderalismus klarstellen und umgekehrt. Bei stärkster Vereinfachung der beiden Begriffe läßt sich sagen: 1. Beide Begriffe setzen den Oberbegriff des Bundesstaates voraus; 2. Föderalismus und Unitarismus sind Gestaltungsmöglichkeiten, Gestaltungstypen des Bundesstaates. Der Bundesstaat steht — ich muß um Entschuldigung bitten, wenn ich Sie mit so elementaren Dingen auch nur ganz kurz aufhalte — sowohl als Rechtsbegriff wie als historisch-politische Erscheinung in der Mitte zwischen dem Staatenbund und dem Einheitsstaat. Er ist ein dehnbarer Begriff. Er kann sich in der Gestaltung seiner Einrichtungen, ohne sein Wesen und damit sich selbst zu verlieren, sowohl dem einen als dem anderen Nachbarbegriff, dem Staatenbund oder dem Einheitsstaat, annähern. Soweit er sich dem Staatenbund annähert, sprechen wir von Bündnismäßigkeit, von Föderalismus, soweit er nach der entgegengesetzten Seite hin gravitiert, von Einheitsstaatlichkeit, von Unitarismus. Die beiden Begriffe sind Gegensätzlichkeiten, aber keine, die einander ausschließen. Auch das ist bekannt. Ein Bundesstaat kann in manchen seiner Einrichtungen unitarisch, in anderen föderalistisch sein. Fragt man nun, worin das Entgegenkommen gegen die staatenbündischen Ideen einerseits, die einheitsstaatlichen andererseits bestehen kann, so ist darauf zu antworten: erstens in der Zuständigkeitsverteilung zwischen Zentralgewalt und Partikulargewalten — deutsch gesprochen: zwischen Reich und Ländern —, zweitens in der Organisation der Zentralgewalt. Oder, um mit andern Worten dasselbe zu sagen: 1. im Ausmaß des Selbstbestimmungsrechts der Länder und 2. im Ausmaß des Mitbestimmungsrechts der Länder bei der Bildung und Ausführung des Reichswillens. Je weiter das Selbst- und Mitbestimmungsrecht reicht, desto föderalistischer ist die Bundesstaatsverfassung, je schmaler beides bemessen ist, desto unitarischer ist sie. Der Föderalismus kann soweit gesteigert werden, daß der betreffende Bundesstaat sich sozusagen nur noch theoretisch von einem Staatenbund unterscheidet, indem die Staatlichkeit der Bundesgesamtheit und ihre Ueberordnung über die Einzelstaaten zwar anerkannt ist, im übrigen aber diese Gesamtheit nur als Bund der Einzelstaaten erscheint, an dem das Volk keinen Anteil hat und dem gegenüber es durch die Einzelstaatsgewalten mediatisiert ist. Hier ist der Punkt, wo Bundesstaat und Staatenbund sich berühren. Ein Schritt weiter und wir stehen, unter Verneinung der Staatlichkeit und Souveränetät des Bundes, unter Bejahung der Souveränetät der Bundesglieder, im Bereich des Typus Staatenbund. Hier herrscht der Föderalismus allein und ungehemmt, er herrscht nicht so, als ob der Bund ein Staatenbund wäre, sondern weil er ein Staatenbund ist. Hier haben wir einen extremen, radikalen Föderalismus, die reine Bündnismäßigkeit der Staatenverbindung. Das Verhältnis des Bundes zu den einzelnen Staaten ist nicht das eines Ganzen zu seinen Teilen oder Gliederungen, sondern das einer Gesellschaft zu ihren Mitgliedern. Aber ich halte inne, denn jedes weitere Wort würde Sie langweilen und mich dem Verdacht aussetzen, als vergäße ich, zu wem ich hier spreche.

Fragen wir nun — und damit wende ich mich zu dem Föderalismus der deutschen Vergangenheit — ob Deutschland einmal ein Staatenbund gewesen ist, ob also der den Staatenbund innewohnende reine Föderalismus einmal gegolten hat, so wissen wir alle, daß das allerdings der Fall war und daß es der Deutsche Bund gewesen ist, der diese extreme Spielart des Föderalismus seinerzeit verkörperte. Auch hier darf ich alles, was darüber im einzelnen zu sagen wäre, als bekannt voraussetzen, und ich darf mich mit Ihnen einig wissen, wenn ich der Meinung bin, daß das, was ich als reinen oder extremen Föderalismus bezeichne, in einem unüberbrückbaren, unversöhnlichen Gegensatz steht mit dem Gedanken der nationalen Einheit. Den reinen Föderalismus wollen heißt den Staatenbund wollen, und den Staatenbund wollen, heißt die nationale Einheit nicht wollen. Darüber scheint mir jedes weitere Wort überflüssig zu sein.

Vom Deutschen Bund wenden wir uns zum Deutschen Reich der vorrevolutionären Zeit, dem alten Reich, wie ich es der Kürze halber nennen will.

Die Frage, ob dieses Reich ein mehr föderalistischer oder mehr unitarischer Bau gewesen ist, wird überwiegend im ersteren Sinne, also zugunsten des Föderalismus, beantwortet. Hat es doch Leute gegeben, und es gibt deren heute noch, die in Bismarcks Werk, der R. V. von 1871, eigentlich nur Föderalismus sehen wollen und so weit gehen, daß dieses Werk die Idee des Staatenbundes eigentlich nicht gerichtet, sondern gerettet habe. Ich will darauf nicht eingehen. Ich verzichte darauf, den zürnenden Schatten Max v. Seydels heraufzubeschwören, — habe ich ihn doch leider schon oft bemühen müssen — und ich möchte auch mit seinen heute noch lebenden Anhängern heute nicht streiten über die Konstruktionsfrage, ob das alte Reich ein Bundesstaat oder ein Staatenbund gewesen ist. Auf diese Konstruktionsfrage — wie ich sie beantworte, weiß jeder, der mich kennt — kommt es weniger an als auf die mehr reale Frage, worin denn eigentlich der Föderalismus im alten Reiche neben zweifellos vorhandenen unitarischen Einrichtungen zum Ausdruck kam.

Diese Frage ist von hervorragenden Fachgenossen mit großer Sorgfalt durchgearbeitet worden. Ich nenne in erster Linie die Ihnen bekannte Schrift Triepels „Unitarismus und Föderalismus im Deutschen Reich", die für ihre Zeit (sie erschien 1907) das Spiel und Widerspiel der unitarischen und föderalistischen Kräfte im damaligen Reiche naturgetreu schildert, die dann freilich in einigen Beziehungen schon vor der Revolution durch den Lauf der Ereignisse überholt wurde und insoweit durch die Arbeit Bilfingers über den Einfluß der Einzelstaaten auf die Bildung des Reichswillens eine treffliche Ergänzung erhalten hat. Indem ich — ohne mit ihnen durchweg übereinzustimmen — mich im ganzen auf diese Schriften beziehe, beschränke ich mich darauf, ihnen einiges wenige hinzuzufügen, was mir besonders wichtig erscheint.

Es ist nichts neues und muß doch immer wieder gesagt werden, daß im alten Reich neben dem geschriebenen mancherlei ungeschriebenes Staatsrecht in Kraft stand (eine Tatsache auf die uns besonders Smend hingewiesen hat), und daß man betreffs der Frage Unitarismus und Föderalismus zu verschiedenen Ergebnissen gelangt, je nachdem man sich mehr an das geschriebene oder an das ungeschriebene Recht hält. Verschiedenheiten ergeben sich auch, wenn man einseitig auf das hört, was Bismarck über sein Werk, die R. V. von 1871, gesagt hat, oder ob man, unbekümmert um die *verba magistri*, das Werk so nimmt, wie es war. Nimmt man es aber so, wie es war, so zeigt sich wieder eine Verschiedenheit: Bestand und Kräfteverhältnis der unitarischen und der föderalistischen Faktoren waren in der Frühzeit des alten Reiches anders gestaltet als in seiner Spätzeit.

Das sogenannte ungeschriebene Recht — ich will hier nicht untersuchen, ob und inwieweit es wirkliches Recht und nicht bloß die Macht von Tatsachen war — wird gewöhnlich nur herangezogen, um damit die Behauptung zu begründen, daß das Reich noch föderalistischer gewesen sei als sein Verfassungstext. Ich halte das für einseitig und bin der Meinung, daß in diesem *ius non scriptum* auch der im alten Reiche bestehende Unitarismus zu einem ganz wesentlichen Teile wurzelte. Das gilt in erster Linie von der Vorherrschaft Preußens im Reich, von der preußichen Hegemonie. Dieses Hegemoniesystem — dessen fundamentale Bedeutung dadurch nicht vermindert wird, daß man es in den gangbaren Lehrbüchern entweder schamhaft verschwieg oder mit formaljuristischen Beweisgründen hinwegkonstruierte — dieses Hegemoniesystem war ja durchaus nichts föderalistisches oder gar partikularistisches, es war vielmehr, wie zuerst Triepel verdienstlicher Weise gezeigt hat, Unitarismus, ein Unitarismus eigener Art und jedenfalls, dynamisch betrachtet, bis in die letzten Jahre des alten Reiches hinein das stärkste Stück Unitarismus, das wir in Deutschland überhaupt besaßen. Und war denn dieses System, diese preußisch-deutsche Reichsregierung mit allen ihren Kraftquellen und Machtstützen, etwa in der R. V. aufgezeichnet? Gewiß, die R. V. machte den König von Preußen zum Deutschen Kaiser und gab Preußen den Vorsitz im Bundesrat, aber das war doch lange nicht alles. Die Macht Preußens im Reich und insbesondere im Bundesrat ruhte auf noch vielen anderen, in der Verfassung nicht verankerten Momenten, die ich hier nicht zu erwähnen brauche. Und insofern war das wirklich geltende Verfassungsrecht nicht föderalistischer, sondern unitarischer als der formale Verfassungstext.

Was dann Bismarck betrifft, so ist bekannt, daß er oft mit einer gewissen Ostentation für den Föderalismus eingetreten und mit dementsprechender Schärfe gegen „die Ueberschreitung der Bedürfnisgrenze in unitarischer Richtung“, wie er es nannte, zu Feld gezogen ist. Aber auf die betreffenden Reden und amtliche Schriftstücken ist, soweit sie als Material zur Auslegung der Verfassung verwendet werden sollen, nicht zu viel zu geben. Was Bismarck bekämpfte, war gar nicht der Unitarismus als solcher und im ganzen, sondern nur eine bestimmte Richtung des Unitarismus, nämlich der mit dem hegemonischen Unitarismus Preußens konkurierende demokratisch-parlamentarische Unitarismus, wie er getragen war von der langsam aber stetig aufsteigenden Macht des Reichstags. Das war für Bismarck der Feind, den er unentwegt niederzuhalten bestrebt war, mit allen Mitteln, guten und unguten. Den anderen Unitarismus aber, den hegemonischen, wollte Bismarck natürlich nicht bekämpfen, sondern, daß ich so sage, föderalistisch beschönigen und verschleiern, oder, soweit er sich nicht verschleiern ließ, denen, die es anging, schmackhaft machen. Wer waren aber die, welche es anging, an wen richteten sich jene Reden und Denkschriften? Sie richteten sich — wir können das heute ja ganz offen aussprechen — an den Partikularismus des außerpreußischen Deutschlands, vor allem an die Mittelstaaten, an die Höfe, Regierungen und Landtage in München, Dresden, Stuttgart usw., wo man in steter Sorge war, von den beiden unitarischen Riesen, Preußen und dem Reichstag, erdrückt zu werden. Diese Sorgen sollten zerstreut und dadurch die Reichsfreudigkeit gehoben werden. Und zu diesem Zwecke wurden die länderfreundlichen Einrichtungen der R. V. geflissentlich unterstrichen, wurde eine ganze föderalistische Ideologie und Phraseologie entwickelt, ich erinnere nur an die Lehre von den vertragsmäßigen Grundlagen des Reichs und von der Souveränetät der verbündeten Regierungen — wobei denn wohl auch manches schöner dargestellt wurde, als es in Wirklichkeit war. Das gilt insbesondere auch vom Bundesrat, der, formell-staatsrechtlich betrachtet, eine ausbündig föderalistische Einrichtung, politisch, infolge des preußischen Uebergewichts in ihm, schließlich doch nichts anderes gewesen ist als eine Machtwerkzeug der preußischen Hegemonie.

Ich sprach vorhin von Frühzeit und Spätzeit des alten Reichs. Was mir dabei als Spätzeit vorschwebt, kennzeichnet sich durch die wachsende Macht des Reichstags gegenüber den andern Reichsorganen und insbesondere gegen Preußen. Es ist das eine Entwicklung, die schon mit der Novemberkrisis von 1908 einsetzt, die dann ein immer schärferes und in den letzten beiden Kriegsjahren ein rapides Tempo annimmt, — eine Entwicklung, die uns hier nicht wegen ihrer demokratischen Zielpunkte — das gehört in ein anderes Kapitel — interessiert, sondern wegen ihrer Bedeutung für Unitarismus und Föderalismus. In ihr und durch sie kommt jener andere Unitarismus hoch, den ich vorhin als Konkurrenten des preußischen Hegemoniesystems bezeichnete: der demokratisch-parlamentarische Unitarismus. Der Reichstag tritt, wie es nicht anders sein konnte, mit dem Hegemoniesystem in Widerstreit und wächst dem Rivalen schließlich, indem er 1917/18 die Parlamentarisierung der Reichsleitung und die preußische Wahlreform erzwingt, über den Kopf, wodurch die föderalistischen Elemente der R. V. noch mehr als bisher in den Hintergrund gedrängt wurden. Der demokratische Unitarismus war im Begriff, sich völlig durchzusetzen, die Funktionen der preußischen Hegemonie zu übernehmen, ihr Erbe anzutreten, als die Revolution ausbrach und die alte R.V. zertrümmert wurde. Die neue Verfassung aber erscheint, indem sie die staatsrechtliche Entwicklung da aufnimmt und weiterführt, wo sie schon vor dem Zusammenbruch gestanden hatte, nicht als Antithese der alten, sondern als ihre geradlinige Fortbildung.

Bevor ich mich zu der neuen, der Weimarer Verfassung und damit zu dem Föderalismus der Gegenwart wende, sei noch ein zusammenfassendes Wort gestattet über die bisher betrachtete Vergangenheit. Ich versuchte, zu zeigen, daß es mit dem Föderalismus im alten Reiche nicht so weit her gewesen ist, wie es gemeinhin behauptet wird, und ich hoffe hierin auf Ihre Zustimmung, indem ich Sie bitte, sich mit mir nicht so sehr auf den Boden des formalen Rechts als auf den der Dynamik der politischen Realitäten zu stellen. Wirklich föderalistisch gestaltet war eigentlich nur die Zuständigkeitsverteilung zwischen Reich und Einzelstaaten, die dem Selbstbestimmungsrecht der letzteren einen tatsächlich sehr großen Spielraum gab. Auf weiten Sachgebieten übten die Einzelstaaten das Recht der Gesetzgebung aus, in der Ausführung der Reichsgesetze waren sie durch die immer sehr milde gehandhabte Reichsaufsicht so gut wie gar nicht gehemmt; reichseigene Verwaltung — bekanntlich stets ein Stein des Anstoßes für die partikulare Eigenstaatlichkeit — gab es wenig, Reservatrechte dafür um so mehr. Das war alles sehr länderfreundlich geordnet. Die andere Seite des Föderalismus aber, das einzelstaatliche Mitbestimmungsrecht, der Einfluß auf die Bildung des Reichswillens, war, auch und namentlich soweit es im Bundesrate zur Auswirkung kam, mehr formal als real bedeutsam.

Die Neuordnung seines Staatswesens, die das deutsche Volk sich durch die Nationalversammlung in Weimar gegeben hat, ist bekanntlich nicht allerseits beliebt, ein Schicksal, das sie mit ihrer Vorgängerin teilt, denn auch Bismarcks Verfassung hat nicht jedermann gefallen. Die Weimarer Verfassung hat viele Gegner, ja Feinde. Darunter massenhaft solche, die sie nicht kennen, niemals gelesen haben. Was die sagen, interessiert uns nicht. Ferner solche, die ihrer Gesinnung nach nichts anderes sind als Hochverräter am Reich. Zu denen spreche ich nicht, denn mit Rebellen verhandelt man nicht. Endlich auch, ernst zu nehmende, politisch saubere Gegner von mancherlei Art. Den Sozialisten ist die Verfassung nicht sozialistisch genug, ihren Widersachern ist sie es zu sehr, den Antidemokraten ist sie zu demokratisch, den Föderalisten zu wenig föderalistisch, also zu unitarisch. Und mit dieser letzten Gruppe haben wir es hier allein zu tun.

Zunächst der Tatbestand. Viele Mitglieder der verfassunggebenden Nationalversammlung wollten entschieden mehr als einen bloß bundesstaatlichen Unitarismus, sie wollten geradewegs den Einheitsstaat. Doch glaubten sie annehmen zu müssen, daß ihr Ziel unter den gegebenen Verhältnissen nicht erreichbar sei und fanden sich daher mit andern zusammen, die an dem überlieferten und eingelebten Typus Bundesstaat festhalten wollten, aber bereit waren, das Reich durch Verstärkung seiner Attributionen und durch Herabsetzung des einzelstaatlichen Selbst- und Mitbestimmungsrechts dem Einheitsstaate näher zu rücken als das vor der Revolution der Fall war. So entstand eine stattliche, ja imponierende Mehrheit für eine ausgesprochene unitarische, antiföderalistische Gestaltung des Reichs unter Beibehaltung seiner bundesstaatlichen Grundlage, und indem diese Mehrheit ihren Willen durchsetzte, vollzog sie, wie bereits angedeutet, nicht eigentlich einen Bruch mit der Vergangenheit, sondern führte eine schon vor der Revolution angebahnte Entwicklung weiter und bis an ihr Ziel.

Die unitarischen Wesenszüge unserer Verfassung springen ins Auge, ich will sie nicht verschleiern und habe es andererseits nicht nötig, sie vor dieser Versammlung im einzelnen zu schildern. Die Weimarer Verfassung fundiert das Reich nicht mehr auf die Einzelstaaten, sondern auf das deutsche Volk. Das Reich ist kein Bund der Länder, sondern, wenn man an der Denkform „Bund“ noch festhalten will, der Bund des gesamten deutschen Volkes. Eine Ansicht wie die Labands, wonach das Reich eine Korporation darstellt mit lediglich so viel Mitgliedern als es Länder gibt, ist nach heutigem Recht unhaltbar. Die Länder sind zwar bei der Willensbildung der Reichsgewalt beteiligt, sie sind aber nicht mehr Teilhaber oder Träger der Reichsgewalt. Und weiter: Sowohl das Selbstbestimmungsrecht der Länder wie ihr Mitbestimmungsrecht bei der Bildung des Reichswillens ist enger begrenzt wie früher. Dem Selbstbestimmungsrecht sind viele Angelegenheiten entzogen, die ihm früher, im alten Reich, überlassen waren, so, um nur ein Beispiel zu nennen, das Verfassungswesen der Länder in seinen wichtigsten Punkten und Beziehungen. Auch das

Mitbestimmungsrecht ist stark reduziert. Denn von den drei obersten Reichsorganen werden zwei, der Reichstag und das Amt des Reichspräsidenten, ohne Beteiligung der partikularen Gewalten, also streng unitarisch, durch Wahlen des gesamten deutschen Volkes besetzt, und nur bei der Besetzung des dritten Hauptorgans, des Reichsrats, kommen jene Gewalten zur Geltung. Die Ausführung der Reichsgesetze — auch ein Stück Mitbestimmungsrecht — ist zwar auch jetzt noch grundsätzlich Sache der Länder, aber nur, soweit sie das Reich nicht selbst in die Hand nimmt, sie an reichseigene Behörden überträgt, was in viel weitergehendem Maße geschehen ist wie früher. Das ist alles sehr unitarisch gedacht, ebenso auch manches andere. So die nicht mehr bloß bedingte, sondern restlose Gleichstellung der landesfremden Deutschen mit den Landesangehörigen, Art. 110 Abs. 2 R.V., wodurch der Landesangehörigkeit jeder selbständige Inhalt genommen ist. Weiter beliebte Beispiele für den geltenden — wie manche meinen: überspannten — Unitarismus sind: die Einschränkung der partikularen Finanzhoheit vermöge der Inanspruchnahme der ergiebigsten Steuern und Steuerquellen seitens des Reichs, und dann das souveräne Bestimmungsrecht des Reichs, über Bestand und Begrenzung der Länder, Art. 18 R.V. — In dem ersten Falle handelt es sich aber nicht um eine Verfassungseinrichtung, jedenfalls um keine neue. Schon nach altem Recht war ja die Reichsfinanzhoheit formell ganz souverän; sie konnte sich alle Steuerquellen aneignen, die sie sich aneignen wollte, sie konnte die Einzelstaaten zu Kostgängern des Reichs machen oder ganz aufs Trockne setzen, und wenn sie das nicht tat, so lag das nicht daran, daß man damals föderalistischer dachte, sondern einfach daran, daß es dem Reiche gut ging. Heute und bis auf weiteres geht es ihm schlecht, und deshalb muß es, da das Reichsinteresse jedem Landesinteresse vorgeht, von seinem Können, das heute nicht größer ist als früher, einen stärkeren Gebrauch machen als damals, — nicht aus Unitarismus, sondern aus Geldnot. Wenn also die Länder und ihre Gemeinden heute nicht so viele und hohe Steuern erheben dürfen wie sie gerne möchten, so liegt das nicht an der Ueberspannung des Unitarismus, nicht an der Verfassung, sondern an der Not der Zeit.

Dann der vielbesprochene Art. 18. Mit dem hat es eine eigene Bewandtnis. Zunächst ist das, was an ihm politisch wesentlich ist, nämlich die Anordnung von Grenz- und Gebietsveränderungen durch Reichsgesetz wider Willen der beteiligten Länder, bisher auf dem Papier stehen geblieben, und insofern hat der Föderalismus keinen Grund zur Klage. Weiter aber ist überhaupt fraglich, in welches Arsenal der Art. 18

gehört, ob wirklich in das unitarische und nicht vielmehr in das föderalistische. Worin besteht denn der eigentliche Zweck des Artikels? Wie er gemeint ist, richtet er sich nicht gegen die Träger und Patrone des Föderalismus, die Mittelstaaten, auch nicht so sehr gegen die kleinen Länder oder die sogen. Grenzlächerlichkeiten, sondern vor allem gegen Preußen. Also kein Gift für die Mittelstaaten, wohl aber Sprengpulver für Preußen. Art. 18 will die Auflösung Preußens in selbständige Länder begünstigen. Die Auflösung Preußens ist aber, indem sie, jede auch nur tatsächliche Hegemonie Preußens unmöglich machen und die für die nationale Einheit immer gefährlichste Spezies der Gattung Einzelstaat, nämlich die Spezies Mittelstaat um eine erkleckliche Zahl von Exemplaren vermehren würde, durchaus kein unitarisches Ziel, sondern das Gegenteil davon, und es ist unter diesem Gesichtspunkte ganz verständlich, wenn das z. Z. extremste der föderalistischen Programme, das Bamberger Programm der Bayerischen Volkspartei, sich unumwunden zu den Artikel 18 bekennt. Solange Art. 18 eine Flasche ist, aus der der Föderalismus selbst zuweilen nascht, und die für ihn, wenn es nur gegen Preußen geht, „nicht im mindesten stinkt“, solange hat er kein Recht, diesen Verfassungsartikel dem Unitarismus an die Rockschöße zu hängen.

Aber lassen wir den Art. 18. Wir können dem Föderalismus auch sonst noch allerlei vorrechnen. Die Klage, daß es uns an länderfreundlichen Einrichtungen fehle, ist unbegründet, oder doch maßlos übertrieben. An solchen Einrichtungen fehlt es nicht.

Da haben wir an erster Stelle den Reichsrat. Gewiß kommt das, was die Verfassung ihm an Zuständigkeiten überträgt, dem Reichtum seines Vorgängers, des Bundesrates, nicht gleich. Man muß aber die Kompetenzen hinzu addieren, die er, kraft Art. 179 R.V. von dem Vorgänger sozusagen geerbt hat — das ist nicht wenig — und dann weiter die, welche ihm durch die Gesetzgebung der letzten Jahre übertragen worden sind. Diese Gesetzgebung zeigt eine entschieden reichsratsfreundliche Tendenz, und zwar in steigendem Maße. Ein Beispiel: man vergleiche die beiden Ermächtigungsgesetze von 1923. Nach dem ersten, dem vom 13. Oktober, hat nur der Reichstag das Recht, die Aufhebung der auf Grund dieses Gesetzes erlassenen Verordnungen zu verlangen, das zweite, vom 8. Dezember, gibt das gleiche Recht auch dem Reichsrat. Das sind Einzelheiten. Ein allgemeinerer Gesichtspunkt ist folgender: Der alte Bundesrat war, wie erwähnt, mehr scheinbar föderalistisch, in Wirklichkeit sehr unitarisch. Er war das zufolge des ihn beherrschenden Uebergewichtes der preußisch-deutschen Reichsregierung, des festigenden Druckes des Hegemoniesystems, gegen den ein wirksamer Föderalismus oder gar Partikularismus nicht aufkommen konnte. Eben hierdurch wurde die Macht des Bundesrats für die Reichseinheit erträglich, ja wertvoll gemacht. Jener festigende Druck fehlt heute. Die Hegemonie ist verschwunden. Das Stimmgewicht des Preußischen Staates ist dadurch, daß man ihm die Hälfte seiner Reichsratsstimmen genommen und auf die Provinzen zu freiem Gebrauch übertragen hat, unverhältnismäßig vermindert, so daß der Föderalismus sich im Reichrat heute viel freier auswirken kann, als es früher möglich war. —

Daß es im heutigen Reich mehr reichseigene Verwaltung gibt wie im alten, und daß hierdurch der föderalistische Grundsatz des Art. 14 R.V. stark unitarisch modifiziert wird, ist bekannt und auch schon erwähnt. Aber auch hier fehlt es nicht an föderalistischen Gegengewichten. Ich denke da an die verfassungsmäßig festgelegte Pflicht der Reichsverwaltung, die besonderen Interessen der Länder zu berücksichtigen, an Bestimmungen wie Art. 78 Abs. 4, 83 Abs. 2, 97 Abs. 3; ich erinnere weiter an den Einfluß der Länder auf die Personalien der in ihnen dislozierten Reichsbehörden, die Aemterpatronage, die den Landesregierungen bei der Verreichlichung der Eisenbahnen und Wasserstraßen sowie der bayerischen und württembergischen Postverwaltung konzediert worden ist; ich unterstreiche den Grundsatz des Art. 16 R.V., wonach die mit der reichseigenen Verwaltung in den Ländern betrauten Beamten in der Regel Landesangehörige sein müssen, ein Grundsatz, der in den Bestimmungen des Reichswehrgesetzes vom 23. März 1921 über Landsmannschaft spezialisiert und zugleich verstärkt wird. Der Föderalismus darf diese Bestimmungen als Erfolg buchen und muß das sogar, wenn er ehrlich ist. Ein Erfolg, der, wenn ich nach meiner Ansicht befragt werde, in nationalpolitischem Interesse zu bedauern ist. Art. 16 ist nicht sowohl föderalistisch gedacht als partikularistisch, eng, kleinstaatlich. Es ist schon nicht gut, daß das im Landesdienst stehende Beamtentum der Klein- und Mittelstaaten zeitlebens in den Pferch seiner Landesgrenzen gebannt ist; da sollte doch wenigstens der Reichsdienst denen, die ihm angehören, die Möglichkeit geben, ja geradezu die Pflicht auferlegen, sich außerhalb Landes verwenden zu lassen, um auch einmal die deutsche Welt da draußen kennen zu lernen. Ich muß an das ebenso bissige wie treffende Wort Treitschkes denken: immer nur zwischen Zwickau und Zittau hin- und herversetzt zu werden, das muß ja den Durchschnittsmenschen beschränkt machen.

Gegen die Bestimmungen des Reichswehrgesetzes zum Schutze der Landsmannschaft habe ich die stärksten Bedenken. Unser kleines Heer verträgt m. E. weder Föderalismus noch Dezentralisation, es muß streng unitarisch und zentralistisch eingerichtet sein, aus technischen wie aus politischen Gründen. Um von den technischen Gründen zu schweigen, möchte ich bitten, nur folgendes zu bedenken: Die Reichswehr ist das einzige reale Machtmittel, welches dem Reiche, wenn es irgendwo und -wie hart auf hart geht, zur Verfügung steht, — nicht gegen äußere Feinde, denn die können wir ja vorläufig überhaupt nicht bekämpfen, sondern gegen innere, gegen aufständische Massen und rebellische Landesgewalten. Und diesen Zwecken wird die Reichswehr um so besser dienen können, je weniger sie mit dem Lande in dem sie gegebenenfalls verwendet werden soll, verwurzelt ist. Wenn schon an die traurigen Notwendigkeiten, die da in Betracht kommen, gedacht werden muß, so soll man es doch wenigstens nach Möglichkeit vermeiden, die deutschen Soldaten gerade auf ihre engeren Landsleute, ihre Heimatsgenossen schießen zu lassen. Wenn demgegenüber § 14 des Wehrgesetzes vorschreibt, daß die Reichswehr, in jedem (zu beachten: in jedem, also auch dem kleinsten) Lande als geschlossener Verband zu organisieren ist, der grundsätzlich nur solche aufnimmt, die dem Lande entstammen, so erkläre ich mich außerstande, hierfür Begeisterung aufzubringen, bitte aber anzuerkennen, daß die Reichsmaschine auch an dieser Stelle nicht nur mit einem Tropfen, sondern mit einem beträchtlichen Quantum föderalistischen Oels geschmiert ist.

Wenn nun auch noch von der Zukunft des deutschen Föderalismus die Rede sein soll, so wird niemand von mir erwarten, daß ich prophezeie, und auch in der gemäßigten, wissenschaftlich zulässigen Form der Prognose möchte ich eine Voraussage nur insoweit wagen, als der Föderalismus in der zunächst vor uns liegenden Zeit wahrscheinlich gewisse, vielleicht beträchtliche Einzelerfolge erreichen wird. Es werden, das glaube ich, in der Verfassung wie in der Staatspraxis des Reiches gewisse Veränderungen eintreten, mit denen man dem Föderalismus entgegenkommt und auch entgegenkommen will: Ergebnisse einer politischen Strömung, in der wir uns jetzt schon befinden. Im übrigen ist „Zukunft“ für uns nicht das, was sein wird — denn was sein wird, kann niemand sagen —, sondern das, von dem wir wünschen, daß es sein wird: das Seinsollende. An Stelle der Prophezeiung tritt das Werturteil, hier, wie immer behaftet mit den Mängeln seiner Subjektivität. —

Ich sprach von einer föderalistischen Strömung. Wann hat sie begonnen, wie ist sie zu verstehen, wie zu bewerten?

In Weimar ist der Föderalismus, abgesehen von einzelnen Reden bayrischer Abgeordneter und Regierungsvertreter, im ganzen wenig hervorgetreten. Die Stimmung der großen Mehrheit der Nationalversammlung war unitarisch, auch auf der äußersten Rechten, bei den Deutschnationalen, und namentlich auch, bemerkenswerter Weise, bei der Zentrumspartei. Bezeichnend für die damalige Stärke der unitarischen Richtung ist die durch und durch zentralistische Finanzreform Erzbergers, 1919/20, sowie die Entschließung, in der sich die preußische verfassunggebende Landesversammlung am 15. Dezember 1919 mit großer Mehrheit zu den Gedanken des nationalen Einheitsstaates bekannte und die Regierung aufforderte, die zur Verwirklichung dieses Gedankens nötigen Schritte zu tun. Dann hat der Wind sich allmählich gedreht. Wie bisher noch auf jeder Revolution, so ist auch auf die deutsche Revolution von 1918, eine Reaktion gefolgt. Wie gegen die demokratischen Ideen des Werkes von Weimar, so entwickelte sich auch gegen seine unitarischen eine stetig anschwellende Angriffsbewegung; die Flut des Föderalismus begann zu steigen. Auf der rechten Seite des Reichstags und der Landtage legt man neuerdings Wert darauf, für föderalistische Gedankengänge Verständnis zu haben und namentlich Verständnis zu zeigen, wobei neben allgemeinpolitischen auch parteipolitische Gründe mitspielen, die ich zu erkennen glaube, hier aber nicht besprechen möchte. Ihre Werbekraft entnahm und entnimmt die föderalistische Bewegung vorzugsweise den angeblich übertriebenen Zentralismus der obersten Reichsbehörden, den ich, soweit er wirklich übertrieben ist, natürlich nicht verteidigen will, der aber aus Agitationsbedürfnis meistens schlimmer gemacht wird, als er ist und den man, nebst allerhand sonstiger sogenannter „Berlinerei" zu einen wahren Popanz aufgedonnert hat, einen Popanz, den man zu hassen vorgibt, den man aber im Grunde liebt, weil man ihn braucht.

Ob und inwieweit diese föderalistiche Strömung durch die neueste Erscheinung im Spiel unserer politischen Kräfte, die völkische Bewegung, die in ihren radikalen Nationalismus gar nicht anders sein kann als unitarisch, verlangsamt, vielleicht aufgehalten wird, läßt sich zur Stunde nicht sagen.

Zu einer zusammenfassenden, die Ländergrenzen überspringenden Organisation hat es der Föderalismus bisher nicht gebracht, was begreiflich ist, denn es handelt sich bei der ganzen Bewegung vorwiegend nicht um gemeinsame Wünsche aller, sondern um Sonderwünsche einzelner Länder; es handelt sich — ich würde die Wahrheit verleugnen, wenn ich diese Tatsache nicht gebührend betonte — in aller Hauptsache um bayerische Wünsche und Interessen. Bayern war stets und ist noch heute das Hauptverbreitungsgebiet einer Reichsansicht, für die das Verhältnis Bayerns zum Reich kein Unterordnungsverhältnis, sondern ein Bundesverhältnis unter Gleichen bedeutet, eine Reichsansicht, die also, unbewußt oder bewußt, von staatenbündischen Vorstellungen beherrscht ist und der es im Grunde weniger auf Freiheit im Reich, das heißt Einfluß auf das Reich, als auf Freiheit vom Reich ankommt. Gerade von diesem bayerischen Föderalismus, der zu mindestens fünfzig Prozent Partikularismus ist, gilt, was ich vorhin bemerkte: er dient nicht gemeinsamen Interessen aller oder vieler Länder, vielmehr Sonderinteressen, den Sonderinteressen des Landes Bayern bzw. den Interessen, die man, oft sehr kurzsichtig und unklug, für bayerische Interessen hält. Will man hier, ohne zu verzeihen, die Kunst des Verstehens üben, so wäre zu sagen: Bayern ist zu klein und zu groß. Der bayerische Staat war stets und ist auch heute noch viel zu klein, um die Führung in Deutschland, wie sie nicht Preußen zustand, beanspruchen zu können, andererseits — freilich nur in seiner eigenen Einschätzung — zu groß, um sich gleich den andern Ländern dem Reiche als dienendes Glied einzufügen. So fühlt sich Bayern durch seine Eigenart immer wieder dahin gedrängt, nicht nach der Herrscherstellung in Deutschland, wohl aber nach einer Sonderstellung zu streben, nicht nach hegemonische Rechten, sondern nach Exemtionen, nach Reservatrechten. Jedenfalls ist eines sicher: die Frage der Föderalisierung der R. V. ist heute ganz vornehmlich eine Frage zwischen dem Reiche und seinem zweitgrößten Lande, eine in diesem Sinne bayerische Frage.

Angesichts dieser Sachlage ist empfohlen worden, das Föderalisierungsproblem dadurch zu lösen, daß man in erster Linie Bayern zufriedenstellt, indem man ihm seine alten durch die Weimarer Verfassung aufgehobenen Reservatrechte ganz oder zum Teil zurückgibt, um so eine allgemeine föderalistische Auflockerung des Reichsverbandes zu vermeiden. So u. a. Kahl und Graf zu Dohna. Ich möchte diesen Weg, alles wohl erwogen, nicht gehen, und zwar deshalb nicht, weil die Erwartung, daß, wenn man den Bayern ihre Reservatrechte sozusagen hinwirft und sie dadurch etwas isoliert, das übrige Deutschland sich um so enger zusammenschließen werde, sich wahrscheinlich nicht bewahrheiten würde. Es ist vielmehr zu befürchten, daß jede Sonderkonzession an Bayern auf anderen Seiten den Appetit nach ähnlichen Konzessionen wecken würde. Doch möchte ich mich hierüber nicht äußern, sondern der Diskussion freien Spielraum geben.

In Bayern sind, naturgemäß, auch die wichtigsten Bekenntnisschriften des Föderalismus entstanden. Es sind deren zwei: das Programm der bayerischen Volkspartei über den föderalistischen Ausbau des Reichs, beschlossen zu Bamberg am 18. September 1920 — daher das „Bamberger Programm" genannt — und die große Denkschrift „Zur Revision der Weimarer Reichsverfassung", welche seitens der Bayerischen Staatsregierung der Reichsregierung Anfang Januar d. Js. (1924) überreicht wurde. Neben diesen beiden offiziellen Dokumenten geht eine große Fülle gleich oder ähnlich gerichteter Privatarbeiten einher, meistens auch auf bayerischem Boden gewachsen, wie z. B. die Schrift des Münchener Universitätsprofessors und Reichstagsabgeordneten Konrad Beyerle über „Föderalismus" (Beitrag zur Porsch-Festschrift der Görres-Gesellschaft, 1923). Zu den Privatarbeiten einschlägigen Inhalts gehört auch die von dem Präsidenten des badischen Landtags Dr. Baumgartner verfaßte Denkschrift „Das Reich und die Länder", vom November 1923, welche obwohl sie unter die Drucksachen des badischen Landtags aufgenommen worden ist, keinerlei amtlichen Charakter hat und deren Bezeichnung als „badiche Denkschrift" insofern irreführend ist, als sie bisher weder vom Landtag noch von der Regierung des Landes Baden gutgeheißen oder auch nur geschäftlich behandelt worden ist. —

Über die föderalistischen Forderungen einfach zur Tagesordnung überzugehen, würde ich nicht für richtig halten, selbst wenn es politisch möglich wäre. Man wird diese Forderungen immerhin diskutieren, und zwar amtlich diskutieren müssen, wobei aber zu hoffen ist, daß es gelingen möge, möglichst viel abzuhandeln, denn — darin möchte ich mit meiner Ansicht nicht zurückhalten — die ganze föderalistische Bewegung ist nicht erfreulich, sondern bedauerlich. Die Föderalisten verkennen, was sie nicht verkennen sollten, daß wir noch immer unter einem furchtbaren außenpolitischen Druck stehen, daß wir aus der Gefahrenzone, in der das deutsche Reich und mit ihm das deutsche Volk als selbständige Nation stetig mit dem Untergang bedroht ist, noch lange nicht hinaus sind und daß in einer solchen Lage alles, was zu einer Auflockerung des Reichsgefüges führen würde oder führen könnte, unnachsichtlich zurückgewiesen werden muß. Es muß daher jede der föderalistischen Forderungen auf das allerstrengste daraufhin geprüft werden, ob ihre Erfüllung eine solche Auflockerung bedeuten würde. Was wir brauchen, ist nicht Lockerung, sondern strengste Geschlossenheit des Reichs nach außen und innen, straffste Zusammenfassung aller nationalen Kräfte, wie sie nur der Unitarismus, sei es der demokratische, sei es der hegemonische, nicht aber der Föderalismus zustande bringen kann. Das ist meine Meinung. Und ich meine weiter, daß die Weimarer Verfassung eine Ordnung ist, nach der, bei vernünftiger Handhabung, nicht nur das Reich, sondern auch die Länder, einschließlich Bayerns, sehr wohl leben können. Gewiß hat auch sie ihre Fehler, und wir wollen darauf bedacht ein, diese Fehler zu erkennen und zu verbessern. Dazu ist aber keine Gesamtrevision der Verfassung nötig. Eine Gesamtrevision ist auch sonst nicht nur nicht nötig, sondern zur Zeit — wegen der damit verbundenen Aufwühlung kardinaler Meinungsverschiedenheiten und Gegensätze — unbedingt zu vermeiden. Was zugestanden werden kann, ist nur die Abänderung von Einzelbestimmungen der Verfassung, soweit damit der Verbesserung der Beziehungen zwischen Reich und Ländern, insbesondere zwischen dem Reich und Bayern, gedient ist.

Wie weit wird man die föderalistischen Forderungen erfüllen können? Diese Forderungen bewegen sich in den bekannten beiden Richtungen: mehr Freiheit vom Reich und mehr Freiheit im Reich, oder, anders ausgedrückt: Erweiterung nicht nur des Selbstbestimmungsrechts der Länder, sondern auch ihres Mitbestimmungsrechts bei der Bildung und Ausführung des Reichswillens.

1. In Sachen des Selbstbestimmungsrechts wird man Wünschen, wie sie insbesondere in der bayerischen Denkschrift und dem Bamberger Programm geäußert sind, ohne Schaden des Reichs, ziemlich weit entgegenkommen können, indem das Reich auf gewisse Gesetzgebungskompetenzen, die es nach Art. 6 ff. R. V. besitzt, verzichtet, was entweder in rein tatsächlicher Weise, d. h. durch Nichtgebrauch, oder auch mit rechtlicher Wirkung, durch entsprechende Streichungen in den Aufzählungen jener Artikel geschehen könnte. An Art. 6, der die ausschließlichen Gesetzgebungsrechte des Reichs bezeichnet, dürfte freilich nichts geändert werden, dagegen könnte man in dem großen Katalog des Art. 7 Streichungen vornehmen, ohne daß das Reichsinteresse allzusehr benachteiligt würde, ja, ich würde unter Umständen keine Bedenken tragen, auf die ganze sog. Bedarfs- und Grundsatzgesetzgebung, Art. 9 und 10, zu verzichten, indem z. B. kein Bedürfnis vorliegt, über Kirche und Schule reichsgesetzlich

noch mehr zu bestimmen als was darüber schon in den Grundrechten, Art. 135 ff., 142 ff., bestimmt ist.

Weitgehende Forderungen werden auf dem Gebiete des Verkehrswesens — Eisenbahn, Post, Wasserstraßen — erhoben, so namentlich in der bayerischen Denkschrift, die, in etwas gewundener Ausdrucksweise, nichts weniger verlangt als die Rückgabe dieser großen Reichsverkehrsanstalten, wohlgemerkt nicht an alle Länder, sondern, soweit Bayern früher Besitzer war, an Bayern. Davon kann natürlich keine Rede sein. Diskutabel ist höchstens eine Verstärkung des Einflusses der Länderregierungen auf die Verwaltung der Reichseisenbahnen, der Post usw., eines Einflusses, der übrigens schon jetzt, auf Grund der Verträge über die Verreichlichung der Eisenbahnen, der Wasserstraßen, der bayerischen und württembergischen Post, nicht gering, und, was die Postverwaltung in Bayern betrifft, so groß ist, daß sogar die Denkschrift selbst eine gewisse Zufriedenheit nicht ganz unterdrücken kann. Was übrigens das Eisenbahnwesen betrifft, so läßt sich hier über Zukunftsfragen kaum diskutieren, weil zurzeit alles im Flusse ist. Die deutsche Reichsbahn ist jetzt bekanntlich ein Objekt der auswärtigen Politik. Sie wird wohl sicher in irgendeiner Form den Reparationsgläubigern als Pfand überlassen werden müssen. Es handelt sich hier also nicht um unitarisch oder föderalistisch, sondern um deutsch oder nichtdeutsch. Wir wollen dankbar sein, wenn wir ein einigermaßen beträchtliches Stück Verwaltungshoheit über unsere Eisenbahnen retten können; was wir aber retten, das wird doch wohl, schon aus außenpolitischen Gründen, dem Reiche allein verbleiben müssen.

Mit großer Entschiedenheit wird bayerischerseits, sowohl in der Denkschrift wie in dem Bamberger Programm, die Wiederherstellung der vollen Verfassungsautonomie der Länder und zu diesem Zwecke die Aufhebung des Art. 17 R.V. verlangt, mit der Begründung, daß die Verfassungsautonomie ein notwendiger Bestandteil der partikularen Eigenstaatlichkeit sei. Diese Begründung ist verfehlt, wie sich leicht würde nachweisen lassen; indessen kommt es darauf nicht an. Worauf es ankommt, ist, daß die Frage der Staatsform nur einheitlich für das Reich und die Länder, also — jedenfalls in ihren Grundzügen — nur vom Reich, durch Reichsgesetz geregelt werden kann. Es muß Homogenität zwischen der Staatsform des Reichs und der seiner Länder bestehen und diese Homogenität muß reichsgesetzlich gewährleistet sein. Das Reich kann, solange es selbst eine demokratische Republik sein will, den Ländern nicht gestatten, eine hiervon grundsätzlich abweichende Staatsform, sei es die Monarchie, sei es das Staatsrecht des Bolschewismus, einzuführen. Nur das eine wäre etwa zu erwägen, ob man den Ländern nicht freigeben könnte, auf den Parlamentarismus zu verzichten, den ihnen der Art. 17, nach herrschender (nicht zweifelsfreier) Auslegung, aufnötigt. Man könnte ihnen etwa gestatten, sich mehr in der Art großer Kommunalverbände zu organisieren, mit einer vom Landtag gewählten, aber auf bestimmte Zeit gewählten Regierung, die während dieser Zeit vom Landtag nicht gestürzt werden kann und auch sonst von ihm nicht *ad nutum* abhängig ist.

Bedingungslos würde ich ablehnen jede Erweiterung des partikularen Selbstbestimmungsrechtes auf den Gebieten des Militärwesens und der auswärtigen Angelegenheiten. Beide Sachgebiete müssen, in Gesetzgebung und Verwaltung, dem Reiche allein gehören. Was das Militär, die Reichswehr, betrifft, so habe ich mich hierüber schon vorhin, in anderem Zusammenhange, geäußert. Wie das Machtinstrument der auswärtigen Politik, das Heer, so gehört auch die auswärtige Politik selbst, im Interesse der Wahrung unserer Einheit nach außen, in eine Hand, und diese Hand kann nur die des Reiches sein. An der grundlegenden Bestimmung des Art. 78 Abs. 1 R. V. darf deshalb nichts geändert werden. Die Abschaffung des aktiven und passiven Gesandtschaftsrechtes der Einzelstaaten war ein nationalpolitischer Fortschritt, vor dessen Größe nur der verbohrteste Partikularismus die Augen verschließen kann. Ich bedaure es, daß das Bamberger Programm die Wiederherstellung des partikularen Gesandtschaftsrechts fordert, während die bayrische Denkschrift, auch hierin reichsfreundlicher als jenes Parteiprogramm, diese Forderung nicht erhebt. Ich verzichte darauf, auch nur zu fragen, ob es verantwortet werden kann, unsere Außenpolitik, die schon mit so ungeheuerlichen Widerständen, *extra muros et intra,* zu kämpfen hat, auch noch den Quertreibereien bayrischer Gesandtschaften in Paris, London usw. auszusetzen, wende mich vielmehr zu einer letzten Reihe von Betrachtungen.

2. Diese Betrachtungen sollen den Wünschen gelten, welche sich auf eine Erweiterung des Mitbestimmungsrechtes der Länder bei der Bildung des Reichswillens beziehen. Diese Wünsche bezwecken wesentlich — und nur insoweit will ich sie besprechen — die Hebung des föderalistischen Hauptorgans des Reiches, des Reichsrats. Dahingehende Forderungen finden sich in allen Programmschriften des Föderalismus.

Am weitesten geht auch hier das Bamberger Programm. Es will schlankweg die „Wiedereinführung eines dem früheren

Bundesrate *gleichwertigen Organs der Staaten*". Also Hebung des Reichsrates bis zur *vollen Höhe des alten Bundesrats*. Ich weiß nun nicht, ob die Wächter der bayerischen Eigenstaatlichkeit, die diese Forderung aufstellten, sich freuen würden, wenn man sie ihnen *wörtlich erfüllte*. Denn was heißt „dem früheren Bundesrat gleichwertig"? Diese Gleichwertigkeit würde doch nur dann gegeben sein, wenn neben andern Dingen im Reichsrate auch die alte Macht der mit Preußen verbundenen, auf *Preußen gestützten Reichsregierung wieder hergestellt* würde. Was aber diese Macht bedeutet hat und was demzufolge ihre Wiederherstellung bedeuten würde, nämlich einen hegemonischen Unitarismus, der in das politische System des Föderalismus durchaus *nicht* paßt, — *das habe ich ja bereits ausgeführt*. Hinterher scheinen denn auch den Bamberger Herren Bedenken über die Konsequenzen ihrer Forderung gekommen zu sein. Sie formulieren die Forderung jetzt — im Entwurf eines neuen Parteiprogrammes — so: „Wiedereinführung eines dem Reichstag gleichberechtigten *föderativen* Organs nach dem Vorbild des früheren Bundesrats." Eines *föderativen* Organs! Das sieht schon besser aus, man sieht doch: wo und wie. „Föderativ" bedeutet nämlich in der *Ideologie* wie der *Terminologie der hier in Betracht kommenden politischen Kreise* den Gegensatz nicht nur zum demokratischen sondern auch zum *hegemonischen Unitarismus*, bedeutet soviel wie antipreußisch. Was man will, ist ein Reichsrat, mit den Befugnissen des alten Bundesrates, in dem Bayern stark, Preußen schwach und die Reichsregierung ohnmächtig ist. Das wäre natürlich alles andere als der Bundesrat, wie ihn Bismarck gedacht und gemacht hatte.

Besser durchdacht, auch in bezug auf die politischen Konsequenzen und präziser gefaßt, sind die den Reichsrat betreffenden Vorschläge der bayerischen und der sogenannten badischen Denkschrift. Beide wollen die Macht des alten Bundesrats nicht *in extenso* wiederherstellen, verlangen vielmehr für den Reichsrat nur eine Verstärkung seiner Rechte als *Gesetzgebungsfaktor*, und zwar in der Art, daß das gegenwärtig bestehende Recht des Einspruchs gegen die Gesetzesbeschlüsse des Reichstags in ein *Zustimmungsrecht umgewandelt* werden soll. Der Reichstag soll m. a. W. künftighin Gesetze nur mit Zustimmung des Reichsrats beschließen dürfen. Nach beiden Denkschriften soll der Reichsrat seine Zustimmung *frei versagen* dürfen und zwar *ohne zeitliche Beschränkung* durch eine von der Verfassung gesetzte Frist. Hierin übereinstimmend unterscheiden sich die beiden Denkschriften wesentlich dadurch, daß das in der Versagung der Zustimmung liegende Veto nach der sogenannten badischen Denkschrift nicht zwar durch einen mit Zweidrittelmehrheit wiederholten Reichstagsbeschluß, wohl aber durch Volksentscheid überwunden werden kann, während es nach der bayerischen Denkschrift nicht einmal auf diesem Wege überwindbar sein soll, ausgenommen den Fall, daß das Gesetz gegen welches das Veto eingelegt ist, der Initiative des Reichstages entstammt. Schließlich vereinigen sich die beiden Vorschläge wieder darin, daß sie in Art. 69 Abs. 1 den zweiten Satz streichen wollen, wonach die Reichsregierung zur Einbringung von Gesetzesvorlagen im Reichstag die Zustimmung des Reichsrates nachsuchen soll, die Vorlage aber dann, wenn die Zustimmung nicht zu erreichen ist, gleichwohl, also ohne die Zustimmung, einbringen darf.

Um mit der Kritik bei dem letzten Punkte einzusetzen, so will man also zunächst das gesetzgeberische Initiativrecht der Reichsregierung unter ein unüberwindbares, mithin absolutes Veto des Reichsrates stellen. Dieser Vorschlag ist zu verwerfen, weil er den Verkehr zwischen Regierung und Parlament einer mit den Wesen des parlamentarischen Systemes unvereinbaren außerparlamentarischen Kontrolle unterwirft; er wäre m. E. nur gleichzeitig mit einer grundsätzlichen Aenderung des parlamentarischen Systemes diskutierbar. Er ist aber auch von seinem eigenen Standpunkt aus unpraktisch, denn wie will man, wenn der Reichsrat die Einbringung der Regierungsvorlage durch sein Veto verhindert, die Parteifreunde der Regierung daran hindern, die betreffende Vorlage auf einen Wink der Regierung oder auch *motu proprio*, von sich aus einzubringen?

Gewichtiger als dieser Vorschlag ist der andere, das Einspruchsrecht des Reichsrates in ein Zustimmungsrecht zu verwandeln. Ihm kann näher getreten werden. Falls man grundsätzlich geneigt ist, ihm stattzugeben, — und ich würde dieses Maß von Geneigtheit aufbringen — müßten also folgende Fragen überlegt werden: 1. Soll das in der Verweigerung der Zustimmung des Reichsrates zu einem Gesetz liegende Veto schlechthin absolut sein oder soll es irgendwie überwunden werden können und wenn ja, von wem und wie? 2. Kann an der jetzigen Formation des Reichsrates, an der Verteilung des Stimmgewichtes unter die Länder, welche auf die derzeitige, relativ schwache Stellung des Reichsrates berechnet ist, bei Verstärkung dieser Stellung festgehalten werden?

1. Was die erste Frage anbelangt, so bekenne ich mich als Gegner der Unüberwindbarkeit. Die bayerischen Vorschläge

wollen dem Reichsrat neben dem Reichstage eine Stellung verschaffen, ähnlich der, welche im Zweikammersystem die Erste Kammer einnimmt, aber mit so weitgehenden Rechten, wie sie in den modernen Demokratien, auch in denen mit monarchischer Regierungsform — siehe England — keiner Ersten Kammer zustehen und wie sie der demokratische Staat auch, ohne Preisgabe seines Grundprinzips, nicht zugestehen kann. Der Reichsrat soll den Reichstag hemmen können, aber nicht mit der Kraft eines unter allen Umständen absoluten Vetos. Ein solches Veto kann, wenn man nicht die Fundamente unseres gegenwärtigen Reichsaufbaues umwühlen will, nicht konzediert werden, einmal nicht aus den angegebenen demokratischen, sondern auch und namentlich, nicht aus unitarischen Gründen. Die oberste Entscheidung, das letzte Wort darüber, ob etwas Gesetz werden oder bleiben soll, muß beim deutschen Volk, bei der Nation und ihrer Vertretung, dem Reichstage, äußerstenfalls bei der Wählerschaft liegen, nicht aber bei den Landesregierungen und Landtagen, wie es bei Erfüllung der bayerischen Wünsche der Fall sein würde, denn der Reichsrat ist die Vertretung der Landesregierungen, diese aber sind nichts als Vertrauensausschüsse ihrer Landtage.

Nach der sogenannten badischen Denkschrift soll das Veto des Reichrats zwar überwunden werden können, aber nur durch Volksentscheid. Auch dieser Vorschlag ist meines Erachtens unannehmbar, denn er läuft praktisch auf das gleiche hinaus, was die bayerische Denkschrift will. Der Volksentscheid ist — aus bekannten Gründen, die ich in diesem Kreise nicht darzulegen brauche — eine Einrichtung, von der man in einem großen Staate nur in ganz seltenen Ausnahmefällen von höchster politischer Bedeutung, im Durchschnittsfalle also eben nicht, Gebrauch machen kann. Es wird demnach kaum etwas anderes übrig bleiben, als es bei dem Grundsatz des Art. 74 Abs. 3 R. V. zu belassen, das heißt also, unter Verwandlung des Einspruchsrechtes in ein Zustimmungsrecht, zu bestimmen, daß das in der Verweigerung der Zustimmung liegende Veto des Reichsrats überwunden wird, indem der Reichstag seinen Gesetzbeschluß mit Zweidrittelmehrheit wiederholt, so zwar, daß dieser wiederholte Beschluß wie jeder andere Gesetzesbeschluß des Reichstags durch Appell an den Volksentscheid angefochten werden kann. Wie ich mir die Einzelheiten dieser Verfassungsänderung denke, geht aus dem letzten der Ihnen vorgelegten Leitsätze (VII) hervor.

2. Es bleibt schließlich, nur noch die Frage übrig, ob angesichts der beabsichtigten Machtverstärkung des Reichsrats an seiner gegenwärtigen Stimmgewichtsverteilung fest-

gehalten werden kann. Diese Frage richtet sich auf einen ganz bestimmten und nur auf diesem einen Punkt: auf das Stimmgewicht, welches durch die R. V. dem Staate Preußen zugemessen ist. Preußen ist in dieser Hinsicht bekanntlich — unter der Herrschaft einer Tendenz, welche in dem Fortbestand der preußischen Staatseinheit ein Uebel, und zwar ein nicht notwendiges Uebel erblickt — mit einem höchst einschneidenden *privilegium odiosum* belastet worden: einmal durch die Vorschrift, daß kein deutsches Land mehr als $^2/_5$ aller Reichsratsstimmen haben darf, dann aber vor allem dadurch, daß die Hälfte der preußischen Stimmen der Verfügung der preußischen Staatsregierung entzogen und auf die Provinzen zu freiem Gebrauch übertragen worden ist. Darin liegt eine Schwächung der Position Preußens im Reichsrat, für die das Wort unverhältnismäßig eigentlich zu milde ist. Es besteht die theoretische Möglichkeit, daß die 13 Provinzialstimmen einhellig gegen die ebenso vielen Gesamtstaatsstimmen Preußens abgegeben werden, womit der Staat, der noch immer doppelt so groß ist, als die anderen Länder zusammengenommen, für den betreffenden Fall im Reichsrat einfach wegfällt, ausgeschaltet wird — und es kommt tatsächlich sehr oft vor, daß drei, vier und mehr Provinzialstimmen gegen die von der Staatsregierung instruierten Gesamtstaatsstimmen stehen, was zur Folge hat, daß das Gewicht des preußischen Votums im Reichsrat auf, ja unter das Niveau herabsinkt, welches dem fünf- bis sechsmal kleineren Bayern mit seinen 10 Stimmen zur Verfügung steht. Das ist nur dann nicht ungerecht, wenn man sich auf den Standpunkt der vorhin erwähnten Tendenz stellt, wenn man der Ansicht ist, daß die Auflösung Preußens im nationalen Interesse geboten sei, daß „Preußen sterben muß, damit das Reich leben kann". Ohne das große preußisch-deutsche Problem hier aufzurollen, muß ich offen bekennen, daß ich diesen Standpunkt nicht teile, daß ich ihn jedenfalls zurzeit ablehnen muß und daß ich die auf ihm beruhende, ihm entgegenkommende Einrichtung der preußischen Provinzialstimmen für verkehrt halte. Die unnatürliche Schwächung des preußischen Einflusses im Reichsrat bringt eine Gefahr mit sich, die ich schon angedeutet habe: die Gefahr, daß der Reichsrat infolge des Fehlens eines formell hegemonischen, materiell unitarischen Machtfaktors in ihm zu einem Herd und Hort nicht des Föderalismus, sondern des Partikularismus wird. Täuschen wir uns nicht, auch heute ist Preußens deutsche Sendung noch nicht erfüllt. Auch heute noch, nachdem ihm seine alten hegemonischen Gewalten genommen sind, ist der preußische Staat eine Klammer, die ganz Deutschland zusammenhalten hilft. Auch heute noch brauchen wir diese Klammer, und wir brauchen sie besonders im Reichsrat. Wir brauchen — alles vom Standpunkt des nationalen, des Reichsinteresses aus gesehen —, im Reichsrat das volle, nicht halbierte Stimmgewicht Preußens als Ersatz des im Reichsrat fehlenden Stimmrechtes der Reichsregierung, und wir brauchen dieses Stimmgewicht, diesen notwendigerweise antipartikularistischen Machtfaktor in dem Maße mehr, als man die staatsrechtliche Stellung und Bedeutung des Reichsrats hebt. Aus diesem Grunde bin ich gegen die Einrichtung der Provinzialstimmen im Reichsrat und für ihre Abschaffung.

1a. Leitsätze des Berichterstatters.

I. Auf die Frage „Was ist des Deutschen Vaterland?" ist mit dem Freiherrn vom Stein zu antworten: „Ich kenne nur ein Vaterland und das heißt Deutschland." Der Begriff „Vaterland" findet in Deutschland nur auf das Reich, nicht auf die Länder Anwendung. Das Land mag für den, der ihm angehört, „Heimat" bedeuten, sein Vaterland ist nur das Reich. In diesem Sinne ist alle staatsbürgerliche Erziehung zu handhaben und zu leiten.

II. Das Reich ist uns lebensnotwendig, sein Bestand und Fortbestand eine nationale Lebensfrage, über die sich nicht diskutieren läßt; ob und in welche Länder es eingeteilt sein soll, ist eine Zweckmäßigkeitsfrage, über die sich diskutieren läßt.

III. Der Staatsgedanke verkörpert sich in Deutschland zuerst und vor allem im Reich, nicht in den einzelnen Ländern. Die Stellung der Länder im Reich und zum Reich ist nicht die von Mitgliedern einer Gesellschaft, sondern die von dienenden Gliedern eines Ganzen.

IV. Versteht man unter Föderalismus den Inbegriff der Forderungen, welche auf die Anerkennung der Staatlichkeit der Länder und auf Gewährung eines angemessenen Selbstbestimmungsrechts derselben sowie eines entsprechenden Rechts auf Mitbestimmung bei der Bildung des Reichswillens abzielen, so ist ein solcher Föderalismus, dem das geltende Reich in dem notwendigen und ausreichenden Maße Rechnung trägt, als verfassunggestaltendes Prinzip zu billigen. Versteht man dagegen unter Föderalismus die Anschauung, daß das Reich nichts anderes ist noch sein soll als ein Bund der Länder, so ist ein solcher Föderalismus, von dem das geltende Recht nichts weiß, als verfassunggestaltendes Prinzip abzulehnen, weil er mit dem Gedanken der nationalen Einheit im Widerspruch steht.

V. Von einer Totalrevision der Weimarer Verfassung ist zurzeit wegen der damit unausweichlich verbundenen Entfesselung politischer Gegensätze aus Gründen der auswärtigen und inneren Politik dringend abzuraten.

VI. Sollte die Erhaltung des für den Bestand des Reiches notwendigen Friedens zwischen Reich und Ländern, insbesondere die Wiederherstellung normaler Beziehungen zwischen dem Reiche und dem Lande Bayern die Abänderung einzelner Bestimmungen der Reichsverfassung im Sinne eines richtig verstandenen Föderalismus (Leitsatz IV. Satz 1) als erforderlich oder erwünscht erscheinen lassen, so könnte in Betracht gezogen werden:

1. Erweiterung des Selbstbestimmungsrechts der Länder durch entsprechende Verminderung der Gesetzgebungskompetenzen des Reichs, insbesondere durch Streichung einzelner Nummern in den Artikeln 7, 9 und 10 der Reichsverfassung;
2. Verstärkung des Mitbestimmungsrechts der Länder bei der Bildung des Reichswillens, insbesondere Hebung der Stellung des Reichsrats in seiner Eigenschaft als Faktor der Gesetzgebung (vgl. Leitsatz VII).

Bei dieser und jeder anderen Föderalisierung der Reichsverfassung sind jedoch folgende Grenzen unbedingt innezuhalten:

a) Von der bestehenden Souveränetät der Reichsgewalt gegenüber den Ländern (R. V. Art. 13, 76) darf nichts preisgegeben werden;
b) die Gewährung von Sonderrechten an einzelne Länder ist ausgeschlossen;
c) die auswärtigen Angelegenheiten und das Militärwesen müssen, so wie jetzt, ausschließliche Zuständigkeit des Reiches bleiben; Art. 6 Nr. 1, 4, Art. 45—47, Art. 78 Abs. 1, 79 der R.V. dürfen nicht zum Nachteil des Reichs geändert werden;
d) die Forderung, es möge, unter Aufhebung des Art. 17 R.Verf. den Ländern die Verfassungsautonomie zurückgegeben werden, ist abzulehnen;
e) die bestehenden Kontroll- und Machtbefugnisse der Reichsaufsicht über die Länder (Art. 15 R.V.) dürfen nicht vermindert werden.

VII. Um den von föderalistischer Seite geäußerten Wünschen, welche eine Verstärkung der Stellung des Reichsrats bezwecken (Leitsatz VI unter 2), entgegenzukommen, könnten, unter Aufhebung entgegenstehender Bestimmungen, folgende Sätze in die R.V. (Art. 68 ff.) aufgenommen werden:

a) Die Reichsgesetze werden vom Reichstag beschlossen, nachdem der Reichsrat ihnen zugestimmt hat.

b) Die Zustimmung ist binnen vier Wochen nach der Schlußabstimmung über das betreffende Gesetz im Reichstage zu erklären, andernfalls gilt sie als verweigert.

c) Verweigert der Reichrat die Zustimmung, so wird das Gesetz dem Reichstage zur nochmaligen Abstimmung vorgelegt. Wenn der Reichstag bei dieser Abstimmung an seinem früheren Beschlusse mit der für Verfassungsänderungen erforderlichen Mehrheit (Art. 76 Abs. 1 Satz 2 R. V.) festhält, so bleibt es bei diesem Beschlusse und die Zustimmung des Reichsrats gilt als erteilt. Wird bei der Abstimmung nur eine einfache Mehrheit erreicht, so ist der Beschluß hinfällig.

2. Der deutsche Föderalismus in Vergangenheit, Gegenwart und Zukunft.

Mitbericht des Wirkl. Legationsrat z. D., Privatdozent an der Universität Tübingen, **Dr. Karl Bilfinger** in Stuttgart.

I. In den geistigen Strömungen des 19. Jahrhunderts erscheint, in deutlichen Umrissen etwa seit den Befreiungskriegen sich abzeichnend, der deutsche Föderalismus als eine Gruppe von mehr oder weniger voneinander abweichenden Ideen, Projekten, die deutsche Frage zu lösen auf dem Wege einer „föderativen Staatsverfassung", wie Paul Pfizer 1831 in Tübingen schrieb. Es gereicht dem schwäbischen Dichter zur Ehre, daß er diese Verfassung sich gleich als eine „kraftvolle" gedacht hat.

Das ist also nicht ein Bund, was da ins Auge gefaßt wird, sondern ein Staat mit föderativer Verfassung, ein Bundesstaat. Zur Wirklichkeit wird dieser deutsche Föderalismus erst mit der Erstehung des Deutschen Reiches und nun müssen wir ihn suchen in den Verfassungen, unter denen das Deutsche Reich mit den einzelnen deutschen Staaten als e i n Staat, gegliedert in eine Vielheit von Staaten gelebt hat, in den Verfassungen Bismarcks und von Weimar. Wir haben es zu tun mit der Betrachtung der Organisation und Funktion des Verhältnisses zwischen dem Reiche und den Einzelstaaten, die als solche bejaht werden, dann mit der Kritik jenes Verhältnisses; endlich haben wir die Erwägung anzustellen, wie das in Zukunft etwa besser und zweckmäßiger zu gestalten wäre und uns dabei auch zu fragen, wohin die natürliche Entwicklung gehen wird.

Aber all diese Betrachtung geschieht in einer bestimmten Richtung, Tendenz, nämlich der Vorstellung, daß das Deutsche Reich als Einheit leben und daß es dennoch zugleich die Einzelstaaten a u c h leben lassen soll und daß es i h r e Lebenskraft zur Erhaltung und Stärkung s e i n e r Lebenskraft verwerten soll. In diesem Sinn ist die Betrachtung also eine d y n a m i s c h e und p o l i t i s c h e, welche die s t a a t s r e c h t l i c h e n F o r m e n untersucht nach ihrem W e r t e gegenüber dem Spiel der Kräfte und im Blick auf den Z w e c k, welchen sie durch das Recht dienstbar gemacht werden sollen.

Die föderalistische Betrachtung ist aber auch eine historische. Dabei handelt es sich nicht nur um die, schon berührte Geschichte der föderalistischen Idee, sondern noch um etwas anderes, konkreteres. Das Reich ist geschichtlich aus einem Bunde der Einzelstaaten geworden. Die Verfassungen von 1871 und von 1919 zeigen Spuren dieser Vergangenheit, die eine mehr, die andere weniger. Der deutsche Föderalismus trägt in sich, wie schon das Wort andeutet, das historische Element des bündischen Gedankens, aber nicht im Sinne romantischer oder auch einheitszersetzender Vorstellungen, sondern er will diese, eben noch nicht ausgerottete bündische Tradition, mit welcher er als einem politischen Faktor rechnet, in den Dienst der Einheitsidee stellen.

Diese ganze föderalistische Vorstellungswelt ordnet sich vom Einzelstaat aus und zum Reiche hin, nach zwei Gesichtspunkten: die Einzelstaaten werden betrachtet für sich, als Staaten und ferner nach ihrer aktiven Relation zum Ganzen, zum Reich.

Da ist zunächst der Individualismus der Einzelstaaten als Staaten. Dies läßt uns denken

an die ursprüngliche Herrschermacht des Staates — was besitzen die Einzelstaaten heute noch davon, wie weit sind sie vom Reiche frei, Verteilung der Zuständigkeiten, Reservatrechte —

ferner daran, daß die Staaten in der Völkerrechtsgemeinschaft der Kulturstaaten einen Bestand gleicher Rechte haben, die eben in ihrer Anerkennung als Staaten ruhen — jeder Einzelstaat ist am Reiche vertreten, Frage eines Gesandtschaftsrechts der Einzelstaaten, eines Rechts zum Abschluß von Staatsverträgen usw. —

weiter aber, daß es große und kleine, starke und schwache Staaten gibt, was draußen in den Verbindungen der internationalen Welt ebenso wie im Verband des Reiches zu einer Abstufung der Staatenrechte, zu einer also nicht absolut gleichen, sondern verhältnismäßigen Staatengeltung führt.

Verhältnismäßige Staatengeltung: Verzeihen Sie eine kleine Abschweifung, ein Beispiel, das neuestens wieder an diesen Gedanken erinnert. Nach dem Reichspostfinanzgesetz vom 18. März 1924 (RGBl. I S. 287) sollen für den dort vorgesehenen Verwaltungsrat auch Vertreter der Wirtschaft aufgestellt werden, „bei deren Auswahl" — heißt es — „die Größe und wirtschaftliche Bedeutung der einzelnen Länder zu berücksichtigen ist". Die Hegemonie, von der wir demnächst sprechen werden, ist als allgemeine Erscheinung aus dem Prinzipe der verhältnismäßigen Staatengeltung heraus zu erklären und sie kann nur in die bündische, nicht in die einheitsstaatliche Sphäre des Bundesstaates, begrifflich eingereiht werden.

Der Individualismus der Einzelstaaten hat eine natürliche Neigung ab vom Reiche und er ist insofern die negative Seite des Föderalismus. Aber jener Individualismus ist nun einmal realiter da und der Föderalismus vermeidet bewußt den Fehler, mit dieser Tatsache nicht zu rechnen, er versöhnt uns aber auch mit ihr, indem er sie für den Einheitsgedanken nutzbar macht:

Das ist die andere Seite des Föderalismus, seine positive und aktive Seite. Sie betrifft die Verbindung des Einzelstaates als solchen mit dem Reiche und zwar wesentlich die einzelstaatliche Mitwirkung an der Bildung des Reichswillens — Einfluß und Einflußrecht, Bundesrat, Reichsrat, Recht der heutigen Einzelstaaten vor dem Reichstag aufzutreten —. Sie ragt hinein, muß hineinragen in das unitarische Prinzip der Reichsorganisation, welches vom Reich als Einheit ausgeht. Bundesrat und Reichsrat sind nicht nur Einzelstaatenorgane und Reichsorgane zugleich, sie sind auch bündische und unitarische Organe zugleich; mit Recht hat man seinerzeit vom bündischen Unitarismus des Bundesrats gesprochen. In diesen Organen trägt der Föderalismus bei zur einheitlichen Aktionsfähigkeit des Ganzen und sie müssen für diesen Dienst, damit der Föderalismus dem Ganzen ein aktiver Helfer, ein „Eideshelfer" — um an einen Ausdruck Bismarcks zu erinnern — sei, auch selbst aktionsfähig sein. Die Vertretung der Regierungen der deutschen Staaten mit ihrer bunten Skala von Größe und Art darf nicht ein sich selbst paralysierender Faktor sein, das wäre kein aktiver Föderalismus, der am Wohle des Ganzen tätig mitarbeiten, die Kraft der deutschen Staaten für die Kraft Deutschlands mobilisieren könnte.

Der aktive Föderalismus dient ferner dem Interessenausgleich der deutschen Staaten unter sich und gegenüber dem Ganzen. Dem entspricht einerseits die an den Frankfurter Bundestag erinnernde Stimmgewichtsabstufung im Vertretungsorgan, deren Zusammenhang mit dem Individualismus schon angedeutet wurde, andererseits aber das spezifisch bündische, an internationale Vorgänge gemahnende Prinzip bundesfreundlicher Verständigung nach Maßgabe der verhältnismäßigen Geltung; die Abstimmung im Vertretungsorgan ist demgegenüber, politisch betrachtet, entweder bloße Formsache oder aber die *ultima ratio* des im Bundesstaat so und nicht mit der Waffe auszutragenden Interessenstreits.

Mit der Abstufung[1]) der Staaten nach verhältnismäßiger Macht und nach verhältnismäßigem Recht, das der Macht entsprechend verteilt ist, hängt nun auch zusammen das Problem des hegemonialen Föderalismus im Gegensatz zu einem nicht hegemonial gedachten föderalistischen System.

II. Es ist die Frage: Gehört es zum Wesen des Föderalismus, daß er ein hegemonialer ist, konkreter gesagt, daß im deutschen Bundesstaat der Großstaat Preußen den bündischen Kreis der Einzelstaaten führe?

Wir bejahen diese Frage grundsätzlich, doch ohne uns zu verhehlen, daß den verwickelten staaten-soziologischen Vorgängen mit jeder Schematisierung Zwang angetan wird und daß das Leben des deutschen Bundesstaates auch unter der Hegemonie, wie noch zu zeigen ist, Züge eines nichthegemonialen Föderalismus aufweist.

Die Frage ist gesondert zu stellen für die Ideengeschichte des Föderalismus und für den Föderalismus des Deutschen Reiches.

Als die deutsche Frage eine noch offene war, stand ihrer Lösung als schwerstes Hindernis entgegen der Dualismus Preußen-Oesterreich. Jede der beiden Großmächte im deutschen Bunde strebte nach der Hegemonie. Dieser Zustand kam aber dynamisch auf nichts anderes hinaus als auf eine Gewichtsverteilung unter den deutschen Staaten, die sich mit dem Gleichgewichtssystem eines nichthegemonial vorgestellten Föderalismus deckt. Sehen wir uns diese Vorstellung einmal näher an.

Der nichthegemoniale Föderalismus wird uns von einem seiner Vorkämpfer, Constantin Frantz, umschrieben als ein Prinzip „rechtlicher Gleichheit der Bundesglieder". Zwar wird nicht verlangt, daß die „Bundesstaaten von ungefähr gleichem materiellen Gewichte" seien, aber doch „darf die Disproportion nicht allzugroß sein", sonst „wird die rechtliche Gleichheit der Bundesglieder illusorisch": „der Löwe und die Maus können sich nicht konföderieren". Endlich: „eine wirkliche Bundesverfassung ist von vornherein unmöglich, wo ein Glied für sich mehr bedeutet als alle anderen zusammengenommen". Wenn nun Frantz aber — das ist der springende Punkt — hinzufügt „Viel anders stand es offenbar in dem ehemaligen Bunde, wo das Nebeneinander von Oesterreich und Preußen ihre beiderseitige Uebermacht paralysierte, infolgedessen auch die minder mächtigen Glieder noch einige Selb-

---

[1]) Diese ist mit dem bündischen Gedanken keineswegs unvereinbar. S. dazu etwa Brie, Staatenverbindungen S. 82 und etwa das Vorortsystem des schweizerischen Bundesvertrags von 1815, §§ 9, 10, eine Art Triasgedanke mit Vermischung der Hegemonie und der Gleichberechtigungsidee.

ständigkeit behielten": Dann, meine Herren, dann hat er sich damit das Geständnis entschlüpfen lassen, daß die Gewichtsverteilung im alten deutschen Bunde, dem Typus des uneinigen Deutschland, seinem Ideale des Föderalismus weit näher stand als die Hegemonie Preußens.

Wir gingen indessen einen Schritt weiter und sagten, im deutschen Bunde herrsche ein, Deutschlands Einigung verhinderndes, dualistisches Gleichgewichtssystem, das in seinem dynamischen Ergebnis sich deckt mit dem föderalistischen Gleichheitsprinzip von Frantz. Dieses System liefert jedenfalls uns Deutschen einen Körper, der in seinem Gleichgewichte sich nicht bewegen kann, einen Bundesstaat, dessen föderalistische Kräfte sich aufheben, so daß jedenfalls sie ihm keine Aktionsfähigkeit verleihen können. Ein einiges Deutschland konnte uns dieses System nicht bringen, es konnte keinen deutschen Bundesstaat, nur ein ohnmächtiges Deutschland schaffen, es war kein deutscher Föderalismus, vielmehr eine in ihrem tiefsten Grund romantisch und weltbürgerlich orientierte Anschauung, die politisch den deutschen Partikularismus, die Negation eines aktionsfähigen, einigen Staates bedeutete.

Bismarck hat gerade entgegen all diesen Ideen die deutsche Frage durch die Gründung eines hegemonischen deutschen Bundesstaates gelöst, die Geschichte hat damit für den hegemonialen Föderalismus als den deutschen gesprochen. Soll nun heute der deutsche Föderalismus ein nichthegemonialer sein? Einer Bejahung dieser Frage kommt entgegen die Verfassung von Weimar — die Denkschrift von Preuß, der Art. 18 mit seiner Geschichte und das preußische Stimmrecht im Reichsrat bezeugen das; doch dürfen wir dabei nicht vergessen, daß ja diese ganze Verfassung dem Föderalismus überhaupt nicht hold ist.

Gerade heute nun erheben sich wieder einmal Stimmen, die den Gedanken eines deutschen Föderalismus ohne preußische Hegemonie aufnehmen. Zwar die bayerische Denkschrift zur Revision der Weimarer Reichsverfassung bringt Bismarck und seinem Föderalismus — der hegemonisch war — eine kurze Huldigung dar. Ihr Inhalt aber verfolgt diesen Gedanken nicht zu Ende, sondern beschränkt sich auf eine Stärkung der Einzelstaaten überhaupt und ihrer Rechte, unter Hervorhebung einiger bayerischer Sonderinteressen. Sie bewegt sich insofern den Worten nach in Widersprüchen, in Wahrheit aber doch mehr in den Bahnen eines nichthegemonialen Föderalismus, dem Gegensatz zum Föderalismus Bismarcks.

Grundsätzlich aufgenommen worden sind die Gedankengänge von Frantz u. a. durch Konrad Beyerle in seiner

Schrift „Föderalismus“ [1]). Dort wird aufmerksam gemacht auf eine Richtung, welche verlangt die Beseitigung der Hegemonie Preußens durch einen „e c h t e r e n Föderalismus der Reichsglieder“. Weiter ist gesagt: „Der Föderalismus wird in der Gegenwart sein Verlangen nach gleichberechtigten Reichsgliedern von gewissem Ebenmaß im Grundsatze festhalten.“ Für die sog. preußische Frage wird zwar der Vorbehalt gemacht, daß die Forderung nach Umänderung der Länderkarte aber überall da zurückzustellen sei, wo höhere vaterländische Pflicht oder augenscheinliche politische Zweckmäßigkeit dies erfordern. Dennoch wird verlangt, daß „die preußische Hegemonie zugunsten eines wirklich föderalistischen Bundesstaates verschwinde“. Und: „Preußen hat endlich auch die Demokratie der Reichsglieder zu achten und alle illoyalen Maßnahmen zu unterlassen, welche die Anwendung von Art. 18 R.V. über Gebühr hemmen.“

Von den Argumenten dieser Schrift, deren universalistische und kosmopolitische Einschläge wiederum an den in ihr hiefür zitierten C. Frantz.erinnern, sei in diesem Zusammenhange nur ein einziges hervorgehoben. Es wird gesagt: „ein aufrichtig föderalistisches Deutschland ist der beste Weg für die allmähliche Erholung Deutschlands auf dem Gebiete der Außenpolitik“, wobei u. a. auch Frankreichs gedacht ist. Das gemahnt an das Wort in der Denkschrift von Preuß: Das Verschwinden der preußischen Hegemonie in Deutschland, das ohne Verschwinden des preußischen Einheitsstaates unmöglich ist, wird die so schwer belastete internationale Stellung Deutschlands in günstiger Weise entlasten.“

Nun, diese Argumente haben sich als Irrtum erwiesen und es wird dabei bleiben. Denn F r a n k r e i c h h a t i m W e l t k r i e g g e g e n d a s E r g e b n i s v o n S a d o w a g e r u n g e n u n d e s s e t z t d i e s e n K a m p f f o r t [2]). Dazu nur eine Erinnerung an die lehrreichen Erörterungen unserer Kriegsgegner in Versailles über die deutsche Einheit. Hanotaux — um eine Stimme von vielen herauszugreifen — beschäftigt sich in seinem interessanten Buche über den Vertrag von Versailles, worin er, beiläufig, auch eine Trennung Hannovers von Deutschland ersehnt, liebevoll mit dem „natürlichen Zuge Deutschlands zum föderativen Leben“. Er wünscht sich ein „konföderiertes und liberales Deutschland“, welches „im Ergebnis wäre das Deutschland von 1848 und, das Deutschland *de la Diète de Francfort*“. Was aber das Wichtigste ist: er konstatiert an dieser Stelle, „B i s m a r c k s R e i c h h a b e

---

[1]) Festschrift Felix Porsch, Paderborn 1923, bei Schöningh, S. 128 ff.
[2]) Geschrieben im März 1924.

nicht verstanden, die partikularistische Existenz der hauptsächlichen deutschen Staaten zu vernichten, aber es habe alles getan, um sie zu schwächen."

Frankreich sieht also den nicht hegemonialen Föderalismus als nützlich an, weil er den Partikularismus stärkt.

Meine Herren, je weiter sich der Föderalismus vom hegemonischen entfernt, desto partikularistischer wird er.

Allein die Richtung des „wirklichen," des „echteren" Föderalismus hat für sich den Zauber des Idealen und zwar jener Völkerrechtstheorie, die auf den Universalstaat fußt, einer Demokratie der Staaten, einer Demokratie der Menschheit, einer Weltordnung des Rechts, als absolut gleichen Rechts. Es wäre falsch, solche Gedanken wegzustoßen, auf deren tiefen Sinn die Völkerrechtspraxis täglich jeden hinführt, der nicht blind ist oder der nicht sehen will. Falsch ist es aber auch auf der anderen Seite, nur diese Idee, aus dem Gesichtspunkt des Gegensatzes zur Macht heraus, zu pflegen und an der in der Völkerrechtspraxis auch erkennbaren Tatsache vorüberzugehen, daß nämlich jene Idee als politische wie als Rechtsgedanke sich kombiniert mit dem anderen Gedanken des nach der Macht verhältnismäßig verteilten Rechtes. Man kann sich nun den Universalstaat vielleicht am stärksten angenähert dann vorstellen, wenn man sich eine Hegemonie des mächtigsten Staates in der internationalen Staatenwelt, eine Welthegemonie ausdenken wollte; unter deren Dynamik könnte das natürliche Streben nach einem gleichen Recht so weit möglich, am ehesten realisiert werden, aber eben vorbehaltlich des hegemonischen Vorrechtes. Ein Weltgleichgewichts-System dagegen würde immer zu Spannungen und gewaltsamen Entladungen eines kriegerischen Partikularismus führen müssen. Für diese welthegemonische Vorstellung gibt uns *cum grano salis*, ein Miniaturbild das hegemonische System des Bismarckischen deutschen Bundesstaates, über welches noch ein kurzes[1]) Wort gestattet sei:

III. Inwiefern war denn — das haben wir ja behauptet — im Hegemoniesystem Bismarck der Gedanke jenes „echteren" Föderalismus neben und im hegemonialen mit enthalten? Die Vormacht im bündischen Kreise hatte einmal ein Interesse auch an der Wahrung des Grundsatzes der Anerkennung gleicher Staatenrechte, auf Grund dessen sie ja gerade kleinere Staaten gegen größere gelegentlich ausspielen

---

[1]) Näheres darüber siehe Bilfinger, der Einfluß der Einzelstaaten auf die Bildung des Reichswillens, Tübingen 1923, S. 111 ff.

konnte. Ferner mußte der, sagen wir ruhig, hegemonische Druck in gewissem Grade überhaupt eine nivellierende Wirkung auf die anderen, nicht preußischen Staaten, Bayern nicht ausgeschlossen, ausüben, die „Disproportionen“ also verkleinern. Weiter aber mußte die Hegemonie selbst darauf bedacht sein, daß ihre Führung nicht als Herrschaft empfunden werde und sie durfte deshalb, wollte sie unnötige Reibungen und Fronden vermeiden, in der Form besonders, aber auch in der Sache den föderalistischen Rechtsgrundsatz der Bundesfreundlichkeit nicht außer Acht lassen; das war die Taktik Bayern gegenüber und damit schloß auch, z. B., der so bezeichnende Widerstreit preußischer Herrschaftsgelüste und hegemonisch-bündischer Rücksichtnahme in Sachen Bismarck gegen Hamburg wegen des Zollanschlusses von Altona seinerzeit mit einer bundesfreundlichen Verständigung.

Mit alledem gibt die hegemonische Führung auch Raum für eine modifizierte Anwendung — modifiziert eben durch Vormacht mit hegemonischem Vorrecht — des sogenannten echteren Föderalismus und es hat dieser letztere geradezu gelebt von der Hegemonie. Nur so konnte er leben, sollte er nicht zum Partikularismus werden oder untergehen.

Die kunstvolle Struktur des hegemonialen Föderalismus Bismarcks, seine tatsächliche und rechtliche Verknüpfung mit dem rein unitarischen Reichsstaatsgedanken ist Ihnen bekannt, ebenso wie auch jene hegemoniale Uebersteigerung, wie sie uns — als ein kleines Stimmungsbild aus dem Leben — etwa Wermuth[1]) beleuchtet. Er erzählt, er habe als Reichsstaatssekretär — ohne zum preußischen Staatsminister ernannt zu sein — häufig im Vorzimmer so lange zu warten gehabt, bis er in die Sitzung des über die Reichsangelegenheiten beratenden preußischen Staatsministeriums dann hineingerufen wurde, wenn endlich seine Sache dran kam: die Leiter der Reichsämter avancierten gleichsam, wenn sie zu preußischen Staatsministern ernannt wurden. Die kleine Reminiszenz des früheren Reichsschatzsekretärs erscheint wie ein Symbol für die Verbindung von Hegemonie — die ja begrifflich nicht Herrschaft, nur Führung in einem bündischen Kreise ist — mit Herrschaft im Hegemoniesystem Bismarcks. Wenn Wermuth seine Erzählung damit einleitet, daß das preußische Ministerium damals noch (Sic!) den ausschlaggebenden Einfluß „auch im Reiche gehabt habe“, so möchte man dafürhalten, dieses System habe, als Hegemonie, sich übersteigert, überschlagen. Und doch ist solche Ueberspannung nicht etwa ein zufälliger Exzeß, sie ist im Grunde doch nichts anderes als eine Konsequenz der

---

[1]) Ein Beamtenleben. Berlin bei Scherl 1922, S. 289.

Verbindung des Thrones der bündischen Vormacht Preußen mit dem rein unitarischen Gedanken des Kaisertums, das durch die Vermittlung des verantwortlichen Reichskanzlers mit dem rein unitarischen Reichstagsfaktor als Gegenspieler in die Schranken tritt. Durch jene Verbindung hat sich nun, so kann man sagen, die Hegemonie dem Reichstag gegenüber exponiert, ihm eine verwundbare Flanke dargeboten. Verschärft wurde die Gefahr, noch besonders durch den Gegensatz des Wahlrechts in Preußen und im Reich. Es war dies die wesentliche Schwäche, die Schattenseite des hegemonisch-föderalistischen Systems Bismarks. Die Gefahr, welche der Hegemonie vom Parlament, vom Reichstag her drohte, sie bedrohte damit die politische Existenz des hegemonischen Föderalismus, sie riß den ganzen bündischen Kreis ohne weiteres in den Dualismus Preußen — Reich, Hegemonie — Reichstag mit hinein. Damit erklärt sich das in der Kundgebung Preußens gegen verantwortliche Reichsministerien in der Bundesratsitzung vom 5. April 1884 ausgesprochene. Niemals, worin man den Gedanken des „echten“ Föderalismus in der staatrechtlich inkorrekten, aber politisch charakteristischen Form eines Protestes gegen die zu befürchtende „Schädigung der vertragsmäßigen Rechte der Bundesglieder“ zu Hilfe rief.

Damit befinden wir uns in der Schilderung des Gegensatzes des bündischen Unitarismus zum parlamentarischen Unitarismus des Reichstags, eines Gegensatzes, für den Bismarck selbst mit den preußischen Antrag auf Bundesreform im April 1866 den Grundstein legte. Schon die Verfassungsverhandlungen von 1867, in welchen Bismarck eine Zeitlang gewisse Sicherungen durchzusetzen suchte, um sein föderalistisches System vor dem Einfluß der Reichstagsmacht zu schützen, zeigen uns diesen Gegensatz. Die Entwicklung und der im Herbst 1918 abgeschlossene Ausgang des Ringens sollen hier nicht beschrieben werden. Es mag aber von Interesse sein, wie sich ein süddeutsches Blatt, demokratisch-großdeutscher Richtung, im April 1866 zur Bundesreform Bismarcks vernehmen ließ. Die Heilbronner Neckarzeitung[1]) schrieb: „Napoleon zeigt der Welt und seinem getreuen Schüler Bismarck, wie sich auf radikal-demokratischer Grundlage ein Reich von unbeschränkten Cäsarismus und Despotismus aufbauen läßt. Daß aber ein Gebäude, auf dieser Grundlage fortgeführt, schließlich bei der Sozialrepublik anlangen muß, daran scheint Bismarck nicht zu denken.“

IV. Jene Sozialrepublik war denn auch das Programm, mit welchem die Revolution von 1918, das gestürzte,

[1]) Die Württemberger und die nationale Frage 1863—1871, von Adolf Rapp, Stuttgart b. Kohlhammer, 1910, S. 137.

freilich schon mindestens seit einem Jahrzehnt zuvor durch die wachsende Macht des Reichsparlaments mehr und mehr unterhöhlte System des hegemonischen Föderalismus Bismarcks abzulösen gedachte. Indessen vermochte sie nicht die Einzelstaaten zu beseitigen; da aber das Rückgrat bündischer einheitlicher Führung gebrochen war, so mußte notwendig der einzelstaatliche Individualismus in den Vordergrund treten. Die Vorgänge sind in frischer Erinnerung, sie lassen sich am besten vergleichen mit dem Bilde, das Fürst Chlodwig Hohenlohe[1]) von den Tagen nach dem Falle Bismarcks entwirft. Hohenlohe ist damals „aufgefallen, daß die Individuen geschwollen sind. Jeder einzelne fühlt sich. Während früher unter dem vorwiegenden Einflusse des Fürsten Bismarck die Individuen eingeschrumpft und gedrückt waren, sind sie jetzt alle aufgegangen, wie die Schwämme, die man ins Wasser gelegt hat. Das hat seine Vorzüge, aber auch seine Gefahren. Der einheitliche Wille fehlt“:

So, meine Herren, scheint mir das Bild eines Föderalismus ohne Hegemonie *in praxi* auszusehen. Individualismus einerseits, Fehlen eines einheitlichen Willens andererseits, und das Ganze kein deutscher Föderalismus, sondern der deutsche Partikularismus.

Der starke einheitliche Wille, welcher dem Kreise der Einzelstaaten fehlte, konnte ihm auch nicht werden durch die Führung Bayerns, das an der Spitze der süddeutschen Staaten um die Verankerung eines neuen Föderalismus in der Verfassung der deutschen Republik kämpfte.. Wenn führende Parlamentarier meiner engeren Heimat damals erklärten, die Zerschlagung Preußens wäre ein nationales Unglück, so war man versucht, hier einen Ruf des Heimwehs nach der oft befehdeten preußischen Hegemonie zu vernehmen.

So war der Erfolg der so geräuschvoll eingeleiteten, freilich nicht hegemonial orientierten föderalistischen Aktion gegenüber der radikal-unitarischen Hochflut nur ein bescheidener. Sein Ergebnis im Verfassungswerk von Weimar mußte daher, da die Einzelstaaten für sich betrachtet, im wesentlichen aufrecht stehen blieben, einen Gegensatz ihrer reichsverfassungsrechtlichen Stellung zu ihrer tatsächlichen Macht bedeuten, der noch weit stärker in Erscheinung getreten wäre, hätte nicht der eiserne unitarische Druck der Fesseln von Versailles der Reichsgewalt einen gewissen Halt dargeboten.

Die ganz überwiegend negative Einstellung der Weimarer Verfassung zu dem, was deutscher Föderalismus bedeutet, ist das Ergebnis des Ausgangs des Weltkrieges, der mit dem

---

[1]) Denkwürdigkeiten II, S. 470.

Schlachtruf gegen die preußische Hegemonie geführt wurde, und der Revolution. Die Grundgedanken des neuen Verfassungsbaues vertragen sich nicht mit einer Hegemonie Preußens, das ist die richtige Logik der Denkschrift vom Januar 1919. So sind die der unitarischen Grundstruktur des Ganzen aufgepfropften föderalistischen Konzessionen doch wesentlich als Atrappe gedacht. Im übrigen weist der Föderalismus von Weimar unleugbar Züge eines „echten" Föderalismus auf, der in seiner politischen Auswirkung nur die Alternative vor sich hat: Unterwerfung unter dem parlamentarischen Unitarismus oder aber, wenn dieser versagt, Partikularismus. Es ist, grob und schlechthin ausgedrückt, die Alternative: Entweder Paulskirche oder Frankfurter Bundestag, wovon wir in diesem Vortrag an einer anderen Stelle schon gehört haben. Man nehme dazu das Programm des Artikels 18, wie es gedacht war[1]), oder etwa die Tatsache, daß zehn Stimmen Bayerns im Reichsrat nur dreizehn Stimmen des preußischen Staates gegenüberstehen und man sehe sich einmal in der Geschäftsordnung des Reichsrats die überraschend starke Vertretung der Mittelstaaten in den Ausschüssen an, der Stätte der eigentlichen föderalistischen Arbeit. Die Gewichtsverteilung und Stimmrechtsabstufung im Reichsrat wendet sich bewußt ab vom hegemonialen Föderalismus nach seinem Gegensatze hin. Es ist von staatsrechtlichen Resten des hegemonischen Gedankens in der Verfassung kaum mehr zu finden, als daß der preußische Staat unter Vorbehalt am Leben gelassen wurde. Der Beseitigung seines, gemindert noch fortbestehenden tatsächlichen Schwergewichts soll die sogenannte „föderalistische" Bewegung innerhalb Preußens dienen — eine contradictio in adjecto —, durch welche der neue Föderalismus im Reiche vollendet werden soll.

Dem weiteren sprunghaften Abbau, den die Weimarer Verfassung an den einzelstaatlichen Hoheitsrechten vollzieht, hätte im Sinne eines Föderalismus auch der hier abgelehnten Richtung die vorgenommene Schwächung des bündischen Einflußrechts im Vertretungsorgan nicht hinzugefügt werden dürfen. Einen schon in der Anlage ziemlich platonischen Ersatz für alle diese Verluste an föderalistischer Geltung soll — typisch für die unitarische Einstellung des Verfassungswerkes — bieten die gelegentlich betonte Pflicht des Reiches, gewisse einzelstaatliche Interessen zu berücksichtigen. Zwar ist die Formulierung hier jeweils eine reichlich allgemeine und, beiläufig, bayrische und schwäbische „Eigenart" bedürfen kaum eines verfassungsmäßigen Schutzes. Immerhin aber wird man grundsätzlich zu bejahen

---

[1]) s. Preuß Artikel 18, bei Heymann 1922 S. 6f., Vogels, Deutschlands bundesstaatliche Neugliederung, Berlin 1919, S. 9—14.

haben, daß jener Pflicht des Reiches ein Einflußrecht der Einzelstaaten entspricht, mit einem unvollkommenen formalrechtlichen Schutze[1]), wofür man unzweifelhafte Belege jedenfalls in Einzelbestimmungen gewisser Reichsgesetze finden kann: Eine Umgießung ursprünglich föderalistischen Einflußrechtes in eine dem reinen Unitarismus angepaßte Form.

Alle die hier skizzierten Linien sind in Gesetzgebung und Verwaltung des Reiches unter der neuen Verfassung im wesentlichen weiter verfolgt. Als eine besonders bemerkenswerte Ausnahme sei gebucht die Bestimmung im Ermächtigungsgesetz vom 8. Dezember 1923, nach welcher auch dem Reichsrat das Recht zusteht, die Aufhebung der auf Grund des Gesetzes erlassenen Verordnungen zu verlangen; derartige Ausnahmen mögen Anfänge zu einem Wiederaufbau des deutschen Föderalismus bedeuten. Dagegen ist das zu verneinen hinsichtlich der dezentralisierenden Maßnahmen, die, formal einheitsstaatlich und nicht förderalistisch gedacht, häufig in Wahrheit stark partikularistischen Begeschmack haben — siehe etwa die Einrichtung von Zweigministerien des Reiches am Sitze einzelstaatlicher Regierungen: Der, sagen wir, Zweigminister in München zeichnet in Vertretung des Reichsministers, verkehrt unmittelbar mit der Landesregierung und unterbreitet die wichtigeren Gegenstände nach Berlin, aber, meine Herren, was nun ein wichtigerer Fall ist, darüber entscheidet faktisch — Bayern. Sie sehen, wie hier ein sogenannter Föderalismus die Errungenschaft der Einheit der Verkehrsverwaltung durchlöchert. Dazu noch ein weiteres Wort.

Heute wäre vielleicht der dauerhafteste und beste Ersatz für den deutschen Föderalismus — sollte er wirklich nicht mehr bestehen können und nicht mehr von nöten sein — die organisatorische Ausnützung des natürlichen Strebens der Nation zu wirtschaftlicher Einheit; es ist ja im letzten Grunde nichts anderes als eine Folgerung aus dem Prinzip des von Herrn Hanotaux in Versailles so bitter bekämpften deutschen Indigenates. Nun haben zwar die Deutschen noch, zur Zeit, ihre deutsche Eisenbahn, aber in ihrer Verwaltung scheint jetzt obgesiegt zu haben die Zerschlagung des Netzes in eine Reihe möglichst selbständiger Verwaltungsbezirke, eine These des bayerischen Wirtschafts-Föderalismus im Gewande der Dezentralisation. In diesem Sinne konnte kürzlich von maßgebender Seite[2]) des Reiches gesagt werden: „Die Präsidenten der einzelnen Direktionen werden künftig sozusagen Gesandte

---

[1]) Auch Triepel, Streitigkeiten zwischen Reich und Ländern, Kahl-Festschrift, Tübingen 1923 S. 24 unten und S. 25, S. 105 lehnt diese Auffassung trotz aller Vorbehalte nicht völlig ab.

[2]) Reichsverkehrsminister Oeser laut Wolffmeldung v. 5. April 1924.

der Reichsbahn bei den Landesregierungen sein." So schließt eine bis zu dem von unitarischem Geiste erfüllten Heidelberger Programm vom Juli 1918 zurückreichende Etappe des Kampfes um die Einheit der deutschen Bahnen mit einem Siege des Föderalismus, den der hier erstattete Bericht ablehnt.

Von den Krisen neuerer Zeit zwischen dem Reich und einigen Einzelstaaten ist hier nicht zu sprechen, hinter ihnen steht meines Erachtens etwas anderes als ein *pro* und *contra* Föderalismus. Es sind pathologische anarchische Erscheinungen, für welche am Anfang der Kausalreihe das Diktat von Versailles verantwortlich zu machen ist. Immerhin: Ein deutscher Föderalismus hätte solche Krisen wohl eher vermeiden und, wenn nicht, sie schon im Keime besser überwinden können als die eigenartige gegenseitige Bundesfreundlichkeit, die in den letzten Jahren sich verbreitet hat.

V. Nun zum deutschen Föderalismus in Zukunft. Hat der deutsche Föderalismus noch eine Zukunft? Es läßt sich denken, daß der Gang der Entwicklung, der Druck der Verhältnisse, zumal unserer Außenlage, automatisch in mancher Hinsicht den Abstand zwischen dem forcierten Unitarismus von Weimar und der Wirklichkeit weiter verringern wird. Vielleicht wird man in nächster Zeit mit stärkerem Gewichte das Argument der Kosten geltend machen, welche durch die kunstreiche Erhaltung und Transmission mehrerer Staatsgewalten im föderalistischen System entstehen. Immerhin, der Unitarismus von Weimar war bisher nicht billig. Dezentralisation und der neue, dezentralisierende Föderalismus werden auch kaum zu Ersparnissen führen. Allein, schon geht man an die Verringerung der Landtagssitze; ist das ein Anfang, dem eine Fortsetzung folgen wird?

Der Möglichkeit unitarischer Fortentwickelung steht, noch nicht ganz beschworen, auf der anderen Seite gegenüber die Gefahr des Zerfalles. Vor ihr soll uns schützen, sei das als Uebergang wiederum zum Einheitssaat oder als dauernde Organisation gedacht, der Föderalismus, neu belebt, aber, soweit das möglich ist, im Sinne des deutschen Föderalismus, der das Reich geschaffen hat.

Positive Vorschläge werden im gegenwärtigen Augenblick nicht zuviel verlangen dürfen und dürfen den Vorwurf, es werde da und dort nur ein Palliativ — nicht ein Sanierungsmittel geboten, nicht scheuen. Und weiter: ein Vorschlag, der zur Zeit als Verfassungsänderung nicht realisierbar ist, kann immer noch vielleicht ein Wink für die Verfassungspraxis sein.

Noch eine Vorbemerkung. Der Ausgangspunkt ist, daß die in Weimar organisierte Reichsgewalt bisher nicht selten als *lucus a non lucendo* auch deshalb erschienen ist, weil sie zu einseitig auf das Reichsparlament sich stützend, eine kräftige föderalistische Mitbeteiligung der Einzelstaaten allzusehr verschmäht: Stärken wir also rechtlich die Einzelstaaten und ihren Einfluß am Reich und stärken wir darüber hinaus Preußen, so soll das ein Rezept sein für Stärkung der Reichsgewalt. Damit wird gerüttelt an einem Grundpfeiler der Weimarer Verfassung, aber es wird dafür ein Pfeiler, der bisher mehr Atrappe war, verstärkt. Das was Treitschke vielleicht die Lüge des Bundesstaates von Weimar genannt hätte, soll wahr gemacht werden. Die e i n e, h ö c h s t e Gewalt soll wie bisher ruhen beim Reich, aber ihre K o m p o n e n t e n sollen sein das Element des deutschen Volkes und, nun nicht mehr bloß mit minderem Rechte, sondern mit gleichem Gewichte, die Gesamtheit der deutschen Einzelstaaten. Das ist also keine monistische Konstruktion der Reichsgewalt mehr. Sie wird, formal betrachtet, eine „unüberwindbare Disharmonie" zwischen dem Reichsparlament und dem bündischen Vertretungsorgan der Einzelstaaten gestatten, ähnlich derjenigen, welche, wie wir glauben, durch ihr latentes Dasein die beiden Gegenpole des konstitutionellen Staates, Regierung und Parlament, zur Hergabe ihres Besten, zu beiderseitiger Vigilanz, zu gegenseitiger Rücksichtnahme und Verständigungsbereitschaft bringen sollte. Faktisch aber wird der Dualismus doch nicht der zweier ebenbürtiger Gegenspieler sein, wie noch zu zeigen ist. Nun zu den V o r s c h l ä g e n, deren es in diesem Rahmen nur einige und allgemein gehaltene sein sollen.

VI. Eine s t ä r k e r e S c h o n u n g g e w i s s e r H o h e i t s r e c h t e der Einzelstaaten, vor allem der Finanzhoheit im Sinne der „Erhaltung der Lebensfähigkeit" des Art. 8 R.V. und der inneren Verwaltung, erscheint geboten zur u n g e s t ö r t e n Wahrung des M i n i m u m s einzelstaatlicher Individualität, ohne die es keinen Föderalismus geben kann.

Damit wird nicht etwa eingeräumt, daß der Einzelstaat heute von der Reichsverfassung schon ausgelöscht sei. Wenn K a h l[1]) in seinen Bemerkungen zur bayerischen Denkschrift ausführt, die Länder haben keine volle Staatspersönlichkeit mehr und sie seien in Wahrheit Reichsprovinzen mit einiger Ausstattung von Autonomie und Selbstverwaltung, so wird mit dem zweiten Teil dieser Charakteristik, entsprechend allerdings den Zusammenhang, doch etwas zu viel gesagt. Auch die Einzelstaaten Bismarcks hatten eine ähnliche, nur quantitativ, generell etwas bessere Stellung, aber auch sie waren reich-

---

[1]) s. D. J. Z. 1923 S. 704.

lich abgeschwächte Staaten und das sind Preußen, Bayern usw. auch in der Verfassung von Weimar und bis heute noch geblieben. Da aber die Minderung nahe an die Grenze des Minimums herangerückt ist, worin ich Kahl beipflichte, so stellen wir die Forderung nach Verstärkung ihres freien Status, damit die Einzelstaaten noch die Voraussetzung kräftiger föderalistischer Mitarbeit am Reiche sein können.

Die heutige Lage des Reiches setzt aber dieser Forderung Grenzen. Eine Auffrischung der Reservatrechte, deren letzte Reste in kontinuierlicher Folge noch unter der früheren Verfassung und schließlich in Weimar gefallen sind, würde nach der politisch so zugkräftigen Idee der Gleichberechtigung den Partikularismus aller entfachen. Die gerade auch darum besonders dankenswerten Ausführungen der Denkschrift des badischen Landtagspräsidenten Dr. Baumgartner über das Reich und die Länder geben in ihren Wünschen zum Post- und Eisenbahnwesen einen deutlichen Fingerzeig. Da heißt es klar und deutlich: „Baden kann dasselbe Recht fordern wie Bayern und Württemberg."

Die Verteidigung und die auswärtige Verwaltung des Reiches müssen hinsichtlich des geltenden Rechtes ein absolutes *noli me tangere* sein. Vom Staatenbund aus gesehen, sind das die typischen Gegenstände des Bundeszwecks. Für das bundesstaatliche Reich vollends kann gerade der Föderalismus hier keinen Abbau verlangen.

Ueber den heutigen Nutzen und die formaljuristische Konstruktionsmöglichkeit diplomatischer und quasi-diplomatischer Vertretungen den Einzelstaat zu Einzelstaat und gar — das *novum* im neuen Verfassungsleben — zwischen Reich und Einzelstaat mag man sich streiten. Mir sind sie im Bundesstaat eine historisch begreifliche, rechtlich aber unkonstruierbare Anomalie, die früher harmlos war, heute nicht mehr. Es wäre gerade jetzt erwünscht, der französischen Auffassung von der Rechtsnatur des Reiches, wie sie auch in das Diktat von Versailles eingeschmuggelt wurde, durch Beseitigung jener Einrichtungen ein deutliches und deutsches Echo zu geben.

Wer für die Erweiterung der Selbständigkeit der Einzelstaaten eintritt, darf an der negativen Einstellung des Art. 18 R.V. zur Gebietshoheit der Einzelstaaten nicht vorübergehen. Die bayerische Denkschrift gedenkt daher auch dieses Punktes, aber nur mit zwei kargen Zeilen des Inhalts, daß „die Bestimmungen des Art. 18 der Gebietshoheit der Einzelstaaten nicht gerecht werden". Wenn aber das Eintreten dieser Denkschrift für den Föderalismus Bismarcks im vollen Sinn des Wortes gemeint ist, dann hätte man schärfste Bekämpfung jener Verfassungsbestimmung erwarten müssen, denn sie richtet sich ja wesentlich gegen den Fortbestand Preußens. Darüber ist in diesem Kreise nichts weiter zu sagen, ebensowenig über den außenpolitischen Schaden, den der Artikel 18, trotz Sperrfrist, Warnungen von Reichsregierung und von Parteien und trotz einer gewissen *pro tempore* — Umkehr ihres eifrigsten Vorkämpfers heute schon angerichtet hat. Es mag genügen ein Zitat aus der Rede Poincarés vom 23. November 1923, (laut Wolff-Meldung): „Die Allierten seien nicht verpflichtet, Mittel anzuwenden, um die Bildung von Staaten zu verhindern, die sogar die Reichsverfassung nicht verbiete.“ Aber davon abgesehen, ich lehne den Artikel 18 ab, weil ich sowohl den Gedanken des Aufgehens von Preußen im Reiche im Sinne von 1848 als rein unitarisch wie auch das System des sogenannten reinen Föderalismus ablehne.

VII. Nun zur Frage der Stärkung des föderalistischen Einflußrechts im Reichsrat. Es scheint, daß die genannten beiden Denkschriften, die sich mit ihr beschäftigen, einer durchgeführten, ich möchte sagen technischen, Begründung ihres Ergebnisses nicht ohne Absicht sich beinahe gänzlich enthalten, denn es ist kaum möglich, die bisherigen Erfahrungen über den Reichsrat kritisch zu sammeln, geschweige, ein sicheres Urteil über die Wirkung einer Aenderung zu finden. Aber der Versuch einer solchen Begründung reizt dennoch und darum soll er in ganz beschränktem Umfange hier gemacht werden.

Zunächst zu den Vorschlägen meiner Thesen. Mein erster Vorschlag geht, insoweit etwa mit Bayern, auf Einräumung eines dem Recht des Reichstags gleichkommenden Mitbeschließungsrechts des Reichsrats bei der Gesetzgebung. Logisch muß, schon mit Rücksicht auf die Ermächtigungsgesetzgebung, diesem Vorschlag der weitere[1]) angeschlossen werden, daß Verordnungen, die dem Zustimmungsrecht eines Reichstagsausschusses unterliegen, auch der Zustimmung des Reichsrats bedürfen. Während aber die bayerische Regierung an die Stelle des Verordnungsrechts der Reichsregierung ein solches des Reichsrats setzt, den Reichsrat hier also über den Reichstag stellt, entspricht es der Gleichstellung von beiden bei der Gesetzgebung, und entspricht es den heutigen technischen Bedürfnissen für die Leitung des Reiches, für den Reichsrat nicht mehr als allgemein das Recht der Zustimmung zu den Rechts-

[1]) Vgl. Nawiasky, Die föderalistische Ausgestaltung der Reichsverfassung 1924, Sonderdruck der Allg. Zeitung, München.

und Verwaltungs-Verordnungen der Reichsregierung zu vindizieren.

Dies die Vorschläge, eine Formulierung der Einzelheiten soll auch hier unterbleiben.

Für die Begründung ist, was leicht übersehen wird, zunächst auf einen das praktische Problem in zwei Teile zerlegenden Unterschied aufmerksam zu machen: das bündische Einflußrecht ist von ungleichem Erfolg, wenn es sich entweder um Fragen handelt, die von vornherein politische, grundsätzliche, Richtlinien-Fragen sind bzw. die es bis zur Entscheidung werden, oder aber wenn es sich um Fragen handelt, über die eine politische Meinungsverschiedenheit in jenem Sinne nicht besteht, die also insofern rein sachlicher und technischer Art sind und geblieben sind. Mit anderen Worten: das Problem der Stärke des Einflußrechts darf nicht einseitig unter dem Gesichtspunkt politischer Machtproben zwischen Reichstag und Reichsrat betrachtet werden. Die Arbeit des Reichsrats ist zum allergrößten Teile rein sachliche Arbeit, Kleinarbeit, nicht hohe Gesetzgebungspolitik und andre hohe Politik; dagegen ist zu hoffen, daß die vorgeschlagene Gleichstellung der beiden Organe politischen Störungen bei an sich unpolitischen Gegenständen entgegenwirkt und unsere Gesetzgebung insofern verbessert.

Im übrigen aber ist zu bedenken, daß schon der Bundesrat der letzten Jahre unter der früheren Verfassung in hochpolitischen Fragen stark unter dem zunehmenden Einfluß eines politisch herangewachsenen Parlamentarismus des Reichstags stand, wozu die Verbindung bündischer Hegemonie mit unitarischem Kaisertum ja die Türe geöffnet hatte. Stellen wir heute das ehemals bundesrätliche Mitbeschließungsrecht wieder her, so wird das in der Regel nicht anders sein können, solange man nicht das parlamentarische System in Deutschland beseitigt — woran auch die bayerische Denkschrift doch wohl nicht zu denken scheint. Das volle Mitbeschließungsrecht wird hier also im Erfolg schwerlich eine grundsätzliche Aenderung gegenüber dem suspensiven Veto bringen.

Was ist überhaupt die Einspruchslage, jene Lage, in welcher der Einspruch in die Nähe gerückt und ernstlich erwogen wird? Nehmen wir den, wenn ich nicht irre, letzten Fall des wirklich erhobenen Einspruches, gegen das vom Reichstag am 18. Juni 1923 beschlossene Gesetz zur Bekämpfung der Geschlechtskrankheiten [1]), das infolge des Einspruchs gescheitert ist. Sie sehen, meine Herren, kein politischer Gegenstand. Das einigende Moment im Reichsrat für den Einspruch gegen das aus verschiedenen Gründen bekämpfte Gesetz war, im

---

[1]) Einspruch s. Nr. 6120 der Reichstagsdrucksachen 1920/1923.

wesentlichen, — der Kostenpunkt: das Reich soll sich an den durch das Gesetz erwachsenden Kosten beteiligen, die Einzelstaaten wollen hier entlastet sein. Es ist ein Fall, wo man von solidarischem Interesse der Einzelstaaten sprechen kann und das sind die typischen, aber bisher im ganzen nicht häufigen Fälle der Einspruchslage. Für derartige Fälle, welche sich, gerade infolge der Besserstellung des Reichsrats, mehren dürften — er wird mehr solidarische Staateninteressen entdecken —, ist die vorgeschlagene Aenderung immerhin von nicht ganz unerheblicher praktischer Bedeutung. Ja, um das vorwegzunehmen, es kann dabei auch die Stellung der Reichsregierung gegenüber dem Reichstag an Selbständigkeit gewinnen, wenn nämlich, z. B., die Reichsregierung ein Amendement des Reichstags, das finanziell nicht tragbar ist, trotz politischer, parteipolitischer Gegenerwägungen abzulehnen unternimmt, weil Widerstand des Reichsrats zu erwarten steht — nunmehr ohne Abwehrmöglichkeit durch eine Zweidrittelmehrheit des Reichstags (vgl. Art. 85 Abs. 5, Art. 74 Abs. 3 R.V.).

Solche Meinungsverschiedenheiten bedeuten recht eigentlich einen Gegensatz des föderalistischen und des rein unitarischen Faktors, wie er, trotz des Art. 17 R.V., möglich ist, wenn eine stimmenmäßige Mehrheit der Einzelstaaten sich deshalb bildet, weil das Einzelstaats-Interesse als solches in Betracht kommt. Gerade in solchen Fällen war aber bisher auch mit einer unitarischen Zweidrittel-Kampffront des Reichstags am ehesten zu rechnen, daher wird sich die Stellung des Reichsrats hier bessern.

Bessern wird sie sich weiter in einem, auch von den beiden Denkschriften berührten Fall, der wiederholt zu nachdrücklichen Beschwerden der einzelstaatlichen Regierungen bei der Reichsregierung Anlaß gegeben hat. Er knüpft an die Lage des zweiten Falles des Art. 68 R.V. an: Einbringen von Gesetzesvorlagen aus der Mitte des Reichstags. Der Reichsrat ist hier, wie Sie wissen, dadurch in seiner Stellung verkürzt, daß er den Entwurf oder das Gesetz nicht genügend studieren und beraten kann, und daß es an Zeit zur Instruierung der Stimmen gebricht. Der Reichsrat ist nicht nur von der Zustimmung bei der Einbringung ausgeschaltet — das wird er ja in solchen Fällen auch bei der vorgeschlagenen Besserstellung sein —, sondern er hat, erfahrungsgemäß, in kürzester Zeit, wegen des Laufes der Einspruchsfrist, sich von vornherein über die Einspruchserhebung oder -Unterlassung schlüssig zu machen. Die bayerische Denkschrift schreibt nun aber, mit spitzer Feder, daß in wiederholten Fällen eine Gesetzesvorlage „der Reichsregierung" (also nicht des Reichstags) von ihr unter Umgehung des Reichsrats aus der Mitte des Reichstags eingebracht worden sei. Damit ist gemeint, was wiederholt vorkam, daß die Reichsregierung dem Reichstag bei der Formulierung „seiner" Initiativvorlagen mehr oder weniger ausgiebig geholfen hat, ohne den Reichsrat rechtzeitig und ausreichend ins Bild zu setzen. Die Einzelstaaten können sich da mit Recht über eine dem Geist der Verfassung widersprechende Ausschaltung ihres Einflusses beklagen. Gegen solche Mißstände bedeutet es eine erfreuliche Abhilfe, wenn der Reichsrat sich nicht auf das, kurz befristete, Einspruchsrecht beschränkt sieht[1]).

Eine allgemeine, von Zeit zu Zeit immer wieder urgierte Beschwerde der Einzelstaaten richtet sich gegen die überhastete Gesetzgebung des Reichstags und gegen Ueberrumpelungen durch dringende Vorlagen der Reichsregierung. Diese Klagen sind, wenn auch nicht im gegenwärtigen Umfang und mutatis mutandis, also wesentlich gegen die kaiserliche Reichsleitung, auch früher erhoben worden. Sie werden bei der vorgeschlagenen Besserstellung des Reichsrats auch nicht ganz verschwinden, aber auch hier ist eine gewisse Remedur zu erhoffen. Vielleicht läßt dann der Hagel von Gesetzen und Verordnungen des Reiches etwas nach zugunsten einer technischen Verbesserung der Gesetze, was ja allseitig begrüßt würde. Ebenso würde sich aus der Hebung des Reichsrats ohne weiteres eine korrektere Einhaltung der Informations- und Zuziehungspflicht durch die Reichsminister nach Art. 67 R.V. ergeben, womit gleichfalls begründete Klagen seltener würden.

Die Möglichkeiten, die sich aus den verschiedenen parteipolitischen Kombinationen im Reich und in den Einzelstaaten erdenken lassen — Zug nach rechts, Zug nach links, Zersplitterung, verschiedene Konstellationen im Reich und in bestimmten Einzelstaaten — können hier nicht besprochen werden. Nur darauf sei hingewiesen, daß unsere Politik aus bekannten Gründen auf weiten und wichtigen Gebieten eine z w a n g s l ä u f i g e ist und das bis auf weiteres bleiben wird.

VIII. Sollte der wohl seltene, aber denkbare Fall eintreten, daß in einer wichtigen politischen Frage — etwa bei einer Auseinandersetzung über Art. 48 R.V. — eine Mehrheit von Stimmen der parlamentarischen Landesregierungen in Gegensatz tritt zur Mehrheit des Reichstages, so fragt sich, wie sich die Stellung des Reichskabinetts zu solcher Lage ge-

[1]) Ueber einen der verschiedenen hier gemeinten Fälle s. z. B. Niederschrift der 43. Sitzung des Reichsrats v. 29. Juli 1922 § 730, betr. Entwurf eines Ermächtigungsgesetzes z. Gesetz über Verlängerung der Geltungsdauer der Demobilmachungsverordnungen v. 1. April 1922 (RGBl. S. 285).

staltet. Schon Hänel[1]) hat den Art. 17 Satz 2 der früheren Reichsverfassung, wo schlechthin von der Verantwortlichkeit des Reichskanzlers die Rede ist, zutreffend dahin ausgelegt, daß der Reichskanzler eine selbständige — d. h. von Preußen formal losgelöste — Verantwortlichkeit gegenüber Bundesrat und Reichstag habe. Sie konnte dem Bundesrat gegenüber keine parlamentarische, sondern wesentlich nur eine schlechthin politische sein, der Tatsache entsprechend, daß der Reichskanzler gegen den Bundesrat nicht regieren konnte: der Bundesrat war eine erste Kammer im Sinne einer Interessenvertretung von Staaten. Der Reichsrat ist dasselbe, aber, mit einigen Zügen des Hinneigens zu einer parlamentarischen Körperschaft[2]). Angesichts des schwachen Einflußrechts des Reichsrats ist dies für die angeschnittene Frage zurzeit bedeutungslos. Dies ändert sich, wenn man das Einflußrecht in der vorgeschlagenen Weise verstärkt: Es muß sich dann von selbst und faktisch eine politische — man mag sie quasi-parlamentarische nennen — Verantwortlichkeit des Reichskabinetts, d. h. wesentlich des Reichskanzlers auch gegenüber dem Reichsrat ergeben; der Reichsrat wird sich auch, bei einigermaßen geschlossenem Auftreten, einen gewissen Einfluß auf die Zusammensetzung und das Programm der Reichsregierung sichern können, er wird ihr gegenüber politische Geltung haben können. Zwar wird dies wohl, aus den oben ungeführten Gründen und entsprechend den Erfahrungen, die man anderwärts mit dem parlamentarischen Zweikammersystem gemacht hat[3]), nicht häufig praktisch werden, aber es kann in Erscheinung treten in dem hier supponierten Konfliktsfall. Die Beteiligten werden nach einer Verständigung oder einer verfassungsmäßigen Lösung suchen, wobei der Reichsrat den Vorteil genießt, daß er nicht nach Hause geschickt werden kann.

In Konsequenz der vorgeschlagenen Verstärkung des Einflußrechtes des Reichsrats wird anheimgestellt, ihre Rückwirkung auf das Verhältnis zwischen dem Reichsrat und der Reichsregierung unter dem Gesichtspunkt der Verantwortlichkeit durch eine entsprechende Ergänzung des Art. 56 staatsrechtlich zum Ausdruck zu bringen.

---

[1]) Studien II S. 20. — S. ferner den letzten Absatz des Art. 15 der frühern R.V. in der Fassung des Gesetzes v. 28. Oktober 1918 (RGBl. S. 1274).

[2]) Vgl. etwa Hatschek, Deutsches u. Preuß. Staatsrecht I S. 706.

[3]) S. die Bemerkungen von Thoma in der Neuen Bad. Landeszeitung, Abendausg. v. 15. März 1924. — Die Einführung des suspensiven Vetos für das englische Oberhaus beweist übrigens, daß diese Neuerung gerade für nötig erachtet wurde, um die Macht dieser ersten Kammer zu brechen.

IX. Endlich wenden wir uns in diesem Zusammenhang nochmals Preußen zu. Man hört immer wieder von der „preußischen Frage“ — ein Ausdruck, der verschwinden sollte. Die Pfade sind hier etwas ausgetreten, besonders auch von den Parteipolitikern. Aber es handelt sich ja jetzt darum, den Gegenstand unter dem Gesichtspunkt der vorgeschlagenen Thesen über eine allgemeine Steigerung der Rechtsstellung des Reichsrats zu behandeln. Diese Steigerung wird sich, — das ist der im folgenden vertretene Standpunkt — nützlich im Sinne eines kraftvollen, aktiven Föderalismus nur auswirken, wenn zugleich die Stellung des preußischen Staates an sich und im Reichsrat gestärkt wird. Es müssen nach Möglichkeit die Voraussetzungen dafür gesichert werden, daß der Reichsrat sich nicht allzusehr zersplittert, sondern möglichst geschlossen als Vertretung des „bündischen Unitarismus“ auf den Plan tritt. Tunlichst soll vermieden werden nicht nur, daß die Einzelstaaten, durch Uneinigkeit gelähmt, sich da nicht zusammenfinden können, wo es ihre gemeinsamen und darum ja auch dem Reichs-Einheitsgedanken nicht zuwiderlaufenden Interessen verlangen, sondern weiter, daß die Reichsregierung nicht auch im Reichsrat sich mit unsicheren, wechselnden Mehrheiten auseinandersetzen muß, endlich, daß mittelstaatliche Kraft nicht, sagen wir, allzu individualistisch verwendet werden kann. Zurzeit ist all das deshalb wohl weniger praktisch, weil eben das Recht des Reichsrats ein schwaches ist; dies wird sich durch die bisher besprochenen Forderungen, wie wir sahen, zwar nicht gerade umkehren, aber doch ändern. Der heutige bündisch-unitarische Einfluß des preußischen Staates und die Zusammenarbeit seiner Regierung mit der Reichsregierung wird zwar, trotz der verschiedenen Urteile, die man darüber hört, nicht zu unterschätzen sein. Wie wird es aber auf diesen Einfluß zurückwirken, wenn die Bedeutung aller Reichsratsstimmen gesteigert, das einzelstaatliche Ich-Bewußtsein und — das Selbstgefühl der preußischen Provinzialvertretungen im Reichsrat gehoben sein wird? Man mag darüber streiten. Der sichere Weg aber kann nur der sein, mit dem Reichsrat zugleich Preußen zu stärken.

Die tagespolitischen Bedenken wegen eines Vorgehens gegen den Artikel 18 der R. V. sind nicht leicht zu nehmen, aber ihnen gegenüber sollte allein schon die Erwägung, daß Frankreich gegenüber Abwehr und nicht Hoffnung auf gutes Wetter am Platze ist, durchdringen.

Das bloße Dasein, die politische Wirkung des *being* des Artikels 18 muß die Einheit des preußischen Staates gefährden und schädigen; die Vorstellung des hinter dieser Verfassungsbestimmung lauernden Zergliederungsprogrammes muß die Kraft der preußischen Staatsleitung schwächen und sie muß zentrifugale Strömungen wecken und stärken. Das sind Gedankengänge, die wohl nicht ferne liegen von den Bedenken der preußischen Staatsleitung gegen eine weitere Ausgestaltung der preußischen Provinzialautonomie.[1])

Allein, meine Herren, auch hinter der Frage der preußischen Provinzialstimmen im Reichsrat steht der Gedanke einer Auflockerung Preußens. Auch das Stimmrecht der preußischen Provinzen gehört zu dem Ideenkreis, aus dem heraus schon zur Zeit der Befreiungskriege eine Art von weltbürgerlichen Romanticismus einer Schwächung des preußischen Staatsverbandes durch provinzielle Selbständigkeit das Wort geredet hat. Es ist zugleich, in unserem Zusammenhang, die Linie des Föderalismus von Constantin Frantz.

Man sagt nun, die preußischen Provinzen stimmen meist geschlossen mit der preußischen Staatsregierung. Zugegeben, meist; aber sehr beachtenswerte Ausnahmen sind bis in die neueste Zeit hinein zu verzeichnen. Uebrigens wäre es auch von Interesse, zu erfahren, — ich weiß es nicht — ob nicht die preußische Staatsregierung sich gelegentlich zu Konzessionen veranlaßt sah, eben um die Provinzialstimmen zu bekommen.

Jedenfalls ist mit der Möglichkeit zu rechnen, daß die Spaltungserscheinungen mit dem Wachsen der Bedeutung des Stimmrechtes zunehmen und, unter allen Umständen, bedeuten sie bei stärkerem Stimmrecht mehr als zuvor.

Der Gedanke eines Föderalismus innerhalb eines Einheitsstaates ist juristisch ebenso wie politisch ein Widerspruch in sich. Dem entspricht aber auch die Kritik, welche an der Stellung des Institutes der preußischen Provinzialstimmen im Rahmen der Reichsverfassung zu üben ist. Es bedarf in diesem Kreise der Darlegung nicht, daß die Bestimmung des Art. 63 Abs. 1 Satz 2 der R. V. eine Anomalie sondergleichen bedeutet, die Behauptung, daß „preußische Stimmen" in einer Vertretung der Einzelstaaten auch die freien Stimmen der preußischen Provinzen sein könnten, die gegen die Staatsregierung abgegeben werden können, kurz: die partielle Durchbrechung des reinen Staatenvertretungsgedankens durch die, ja prinzipiell abgelehnte, Idee des Staatenhauses. Der Formaljurist muß daher hier dem Föderalisten sich anschließen in der Forderung auf Streichung jenes Verfassungssatzes.

---

[1]) S. z. B. Sitzungsberichte des preuß. Landtags, 13. Bd., Sitzung vom 9. Juni 1923 S. 178 ff.

Ein letzter Punkt ist noch kurz zu berühren. Den Komplikationen, welche sich für die einheitliche Leitung des Reiches aus einer Verstärkung des Reichsratseinflusses ergeben können, kann begegnet werden durch **die Verbindung des Amtes des preußischen Ministerpräsidenten und des Reichskanzlers in einer Person.** Auch dies ist ein Wunsch, der von vielen Seiten, bekanntlich vor einiger Zeit auch aus der Mitte des Reichstages, vom Standpunkt der gegenwärtigen Verhältnisse aus geäußert worden ist, und es darf hier Bezug genommen werden etwa auf die Bemerkungen des Herrn Berichterstatters (Anschütz) in seiner Studie über „das preußisch-deutsche Problem". Diese Forderung wird dringender, wenn die Rechtsstellung des Reichrats im ganzen, wie vorgeschlagen, gehoben wird. Vor allem muß diesfalls die Reichsregierung in eine innigere Verbindung mit dem Reichsrat gebracht werden, als dies — wenn meine Informationen zutreffen — bisher tatsächlich der Fall war. Zwar nähern wir uns mit dieser Anregung auch einer, schon erwähnten, Schwäche des hegemonischen Unitarismus Bismarcks. Allein die Gefahr eines schädlichen Dualismus Preußen—Reich muß heute, bei der Parallelität der Regierungs- und Wahlsysteme geringer sein und sie wird mehr als aufgewogen durch die Möglichkeit, daß der preußische Ministerpräsident *qua* Föderalist sich alsdann mit dem leitenden Minister des Reiches *qua* Unitarist zum Nutzen einer wirklich starken Reichsgewalt freundschaftlich verständigen kann.

Eine derartige Verbindung kann als regelmässige Uebung ohne reichsverfassungsrechtliche Festlegung gedacht werden, obschon das letztere, nebst entsprechender Aenderung der preußischen Verfassung, vorzuziehen wäre. Zur Frage der Auswahl der Persönlichkeit sei lediglich noch bemerkt, daß es sich, wenn die gehobene Rechtsstellung des Reichsrats vorausgesetzt wird, hierbei dann wohl nicht mehr um ein „Diktat der Reichstagsmehrheit"[1]) handeln kann.

Das Ergebnis dieses Berichts, den ich hiermit schließe, ist in den Ihnen vorgelegten Thesen zusammengefaßt. Es bleibt nur noch übrig zu sagen: Soweit bei dem gegebenen Thema ein politisches Glaubensbekenntnis mit abzulegen war, ist dieses beherrscht vom Eindruck der **äußeren** Not unseres Vaterlandes, die uns dazu helfen muß, die innere Not zu überwinden.

---

[1]) Vergl. Anschütz a. a. O. S. 21.

2a. Leitsätze des Mitberichterstatters.

I. Thesen zur Kritik des deutschen Föderalismus und der Verfassung von Weimar.

1. Der deutsche Föderalismus erblickt den Zweck bundesstaatlicher Organisation und Funktion des Reiches darin, daß die noch vorhandenen Kräfte der Einzelstaaten möglichst einheitlich in den Dienst des Reiches gestellt werden.

2. Der Schwerpunkt des föderalistischen Gedankens liegt daher nicht in einem Gegensatz zum sogenannten Unitarismus, sondern darin, daß unter Berücksichtigung der tatsächlichen Verhältnisse wirksame Mittel zur praktischen Durchsetzung einer starken Reichsgewalt gegenüber partikularistischen Strömungen angestrebt werden.

3. Die Verfassung von Weimar und die bisher unter ihr geübte Praxis des Reiches hat demgegenüber durch Ueberspannung des formalen und absoluten Einheitsgedankens unter Zurücksetzung der Einzelstaaten, voran Preußens, deren reale Lebenskraft unterschätzt wurde, zur politischen Schwäche der Reichsgewalt und zum Partikularismus beigetragen

II. Thesen *de lege ferenda* und zur künftigen Staatspraxis.

1. Die Erfahrung hat eine überwiegend nachteilige Wirkung des Art. 18 RV. erwiesen, nämlich:

   Gefährdung der Einheit des preußischen Staates, ferner, entgegen der Absicht des Artikels, Begünstigung partikularistischer Bestrebungen, endlich bedenkliche Rückwirkungen auf die außenpolitische Lage.
   Der Artikel ist daher zu streichen.

2. Stärkere Schonung der eigenen Zuständigkeit der Einzelstaaten ist geboten insbesondere auf dem Gebiet der Finanzhoheit, der inneren Verwaltung mit der Polizeihoheit, und der Justizhoheit.

3. Dagegen wird entsprechend den heutigen Bedürfnissen des Reiches abgelehnt jede Antastung der bestehenden Rechte des Reiches auf dem Gebiet der Verteidigung und der auswärtigen Verwaltung, sowie die Einräumung sogenannter Reservatrechte an Einzelstaaten.

4. Innerdeutsche Gesandtschaften und gesandschaftsähnliche Vertretungen zwischen den Einzelstaaten unter sich, sowie zwischen ihnen und dem Reiche gehören nicht zu den Lebensnotwendigkeiten des deutschen Föderalismus und sind wegen der Gefahr der Mißdeutung durch das Ausland zu beseitigen.

5. Den Einzelstaaten ist ein stärkeres Einflußrecht auf die Bildung des Reichswillens zu gewähren. Hierzu wird vorgeschlagen:

a) Einräumung eines dem Rechte des Reichstags gleichwertigen Mitbeschließungsrechtes des Reichsrates bei der Gesetzgebung des Reiches;

b) Zustimmungsrecht des Reichsrats bei allen Rechts- und Verwaltungsverordnungen der Reichsregierung;

c) verfassungsrechtliche Statuierung einer Verantwortlichkeit des Reichskanzlers und der Reichsminister auch gegenüber dem Reichsrat.

6. Jedoch ist eine Verstärkung des Einflußrechtes der Einzelstaaten ohne gleichzeitige Verstärkung des preußischen Einflusses über die heutige Einflußabstufung hinaus wegen Gefahr einer partikularistischen Rückwärtsentwicklung abzulehnen.

Daher wird:

a) außer der Streichung des Art. 18 RV. weiter vorgeschlagen die reichsverfassungsmäßige Sicherung einheitlicher Abgabe der preußischen Stimmen im Reichsrat;

b) als dringend erwünscht bezeichnet, zugleich zwecks Sicherung rascher und einheitlicher Zusammenarbeit von Reichsregierung und Reichsrat:

regelmäßige Verbindung des Reichskanzleramtes und des preußischen Ministerpräsidiums in einer Person.

3. Verhandlungsbericht zum Thema „Föderalismus".

An der Diskussion haben sich außer den beiden Berichterstattern die Herren Zorn (Ansbach), Kelsen (Wien), Rosenthal (Jena), Piloty (Würzburg), Richter (Leipzig), Triepel (Berlin), Rothenbücher (München), Stier-Somlo (Köln), Nawiasky (München), Apelt (Leipzig), Fleischmann (Halle), Koellreutter (Jena), Schönborn (Kiel), Pohl (Tübingen), sowie — durch eine schriftliche, der Versammlung zur Kenntnis gebrachte Aeußerung — v. Jagemann (Heidelberg) beteiligt. Die Erörterung beschränkte sich in der Hauptsache auf die grundsätzlichen Fragen: geschichtliche und soziale Bedingtheiten der unitarischen und föderalistischen Tendenzen, politische Bewertung des Föderalismus in der Gegenwart, Möglichkeit einer Revision der Weimarer Verfassung in föderalistischer Richtung, Zusammenhang des Behandlungsgegenstandes mit dem Problem des Parlamentarismus einerseits, mit der preußisch-deutschen Frage andererseits, organisatorische Probleme, die mit alledem verbunden sind.

In Ansehung der vom ersten Berichterstatter aufgestellten grundsätzlichen Thesen zeigte sich eine sehr weitgehende Uebereinstimmung. Eine Revision der Reichsverfassung im Sinne eines schroffen, d. h. den deutschen Bundesstaat in eine bündische Form zwischenstaatlichen Zusammenhangs verwandelnden Föderalismus wurde von keiner Seite befürwortet. Im Gegenteil, die Ansicht, daß sich der deutsche Staatsgedanke in erster Linie im Reiche verkörpere, und die Forderung, daß an dem Vorrange der Reichs- vor der Landesgewalt nicht gerrüttelt werden dürfe, wurden einhellig gebilligt. In Ergänzung des Vortrages wurde besonders auf die Bedeutung der für die Einheitlichkeit des Rechtsgeistes in Deutschland wertvollen Grundrechte der Weimarer Verfassung hingewiesen, daneben auch die Vereinheitlichung des stark zersplitterten deutschen Verwaltungsrechts als dringende Aufgabe des Reichs bezeichnet.

Es fehlte freilich auch nicht an Stimmen, die gegen die Behauptung, daß das Ziel der deutschen Staatsentwicklung der Einheitsstaat sei, geschichtliche Argumente ins Feld führten. Von anderen wurde der Weimarer Verfassung zum Vorwurfe gemacht, daß sie den in den deutschen Einzelstaaten noch vorhandenen Lebenswillen und ihr Staatsgefühl unterschätzt und daher ungenügend berücksichtigt habe. Die zur Zeit vorhandene föderalistische Strömung wurde als erklärliche Reaktion gegen eine unitarische Uebertreibung, aber auch als begreiflicher Versuch bezeichnet, gegen den parlamentarischen Absolutismus ein Gegengewicht zu schaffen. Von mehreren Seiten wurde eine stärkere Teilnahme der Einzelstaaten an der Willensbildung des Reichs, insbesondere ein volles Mitbestimmungsrecht des Reichsrats bei der Reichsgesetzgebung gefordert. Dies wurde indessen — in Anlehnung an die Ausführungen des Mitberichterstatters — nicht als eine Abkehr vom Einheitsgedanken, sondern gerade als dessen Stärkung bezeichnet, insofern der Föderalismus sich hierbei als Ausdruck einer den Gemeinsinn der Reichsgenossen steigernden Selbstverwaltung bewähren, der unitarische Gedanke durch Pflege des genossenschaftlichen gestützt, die in den Organismen der Einzelstaaten vorhandenen Kräfte der Nation in den Dienst des Reichs gezogen werden würden. Gelegentlich wurde sogar, allerdings nur vereinzelt und unter Widerspruch, die Gewährung von Reservatrechten zugunsten einzelner Länder als der Erwägung wert bezeichnet, aber doch unter scharfer Ablehnung irgendwelcher Sonderrechte auf den Gebieten der Wehrmacht und der auswärtigen Verwaltung.

In bezug auf die aufgeworfenen organisatorischen Fragen wurden von manchen Seiten, im Gegensatze zum zweiten Berichterstatter, gegen die Erhöhung der Stellung des Reichsrats Bedenken aus parlamentaristischen und demokratischen Gesichtspunkten geäußert, sowie eine gleichzeitige Verantwortlichkeit der Reichsregierung gegenüber Reichstag und Reichsrat für undurchführbar erklärt. Von einer anderen Seite hat man die Beibehaltung von Gesandtschaften im Verkehre der Einzelstaaten untereinander als zulässig und sogar als erwünscht bezeichnet.

Stärkere Gegensätze ergaben sich bei der gelegentlichen Besprechung des preußisch-deutschen Problems. Während von mehreren Teilnehmern der Versammlung eine Wiedererweckung der preußischen Hegemonie für unmöglich erklärt, die Schwierigkeiten einer Vereinigung von hegemonialem und parlamentarischem Unitarismus, sowie die Untunlichkeit der vom zweiten Berichterstatter geforderten Verbindung zwischen Reichs- und preußischen Aemtern betont wurden, erhoben sich doch auch lebhafte Stimmen für den Wert einer preußischen Hegemonie als einer die Elastizität des bundesstaatlichen Apparats verbürgenden Verbindung zwischen Unitarismus und Föderalismus. In Konsequenz dieser Anschauung wurde insbesondere die Verstärkung des preußischen Gewichts innerhalb des Reichsrats und die Beseitigung des gesonderten Stimmrechts der preußischen Provinzen gefordert.

Im Zusammenhange damit wurde auch über Wert oder Unwert des Art. 18 der Reichsverfassung gestritten. Von der einen Seite wurde die Beseitigung des Artikels, von der andern aus politischen Gründen seine Beibehaltung mindestens für die nächste Zeit gefordert, weil hier ein gesetzliches Ventil für Bestrebungen eröffnet sei, die sich sonst dunkler, unkontrollierbarer und, unter dem Drucke der auswärtigen politischen Lage, undeutscher Wege und Mittel bedienen könnten. Eine vermittelnde Stimme sprach sich dafür aus, es möchte der Artikel in der Weise geändert werden, daß er zwar einen Zusammenschluß lebensunfähiger Kleinstaaten mit größeren Nachbarn, aber nicht die Absplitterung von Teilen lebensfähiger Staaten ermögliche. Von derselben Seite wurde der Gedanke, deutsche Kleinstaaten in Reichsland zu verwandeln, als erwägenswert bezeichnet.

III. Zweiter Beratungsgegenstand:

Die Diktatur des Reichspräsidenten nach Art. 48 der Reichsverfassung.

1. Bericht von Professor **Dr. Carl Schmitt** in Bonn.

Die heute übliche Auslegung des Art. 48 Abs. 2.

Art. 48 Abs. 2 der Weimarer Verfassung schafft nach der heute nicht mehr bestreitbaren allgemeinen Auffassung geltendes Recht. Die in ihm enthaltenen Befugnisse des Reichspräsidenten sind nicht abhängig von dem nach Abs. 5 zu erlassenden Reichsgesetz. Daher kann der Reichspräsident nach Abs. 2 alle zur Wiederherstellung der erheblich gefährdeten öffentlichen Sicherheit und Ordnung für nötig erachteten Maßnahmen treffen. Die heute übliche Auslegung des Abs. 2 versucht aber, die Befugnisse des Reichspräsidenten dadurch einzuschränken, daß sie die Reichsverfassung für unantastbar erklärt, soweit nicht Art. 48 Abs. 2 in seinem Satz 2 selbst einige Bestimmungen aufzählt, die außer Kraft gesetzt werden können [1]). Der Wortlaut des Satz 2 „Zu diesem Zwecke darf er vorübergehend die in den Artikeln 114, 115, 117, 118, 123, 124 und 153 festgesetzten Grundrechte ganz oder zum Teil außer Kraft setzen", scheint einen Beweis dafür zu liefern, daß in andere Artikel nicht eingegriffen werden kann. Denn jede Aufzählung wirkt mit logischer Notwendigkeit einschränkend, indem sie das nicht Aufgezählte ausschließt. *Enumerativ ergo limitativ* ist eine alte und richtige Schlußfolgerung. Die Frage wäre allerdings, nach welcher Richtung die Einschränkung erfolgt und ob die Auf-

---

[1]) Am deutlichsten Richard Grau, Die Diktaturgewalt des Reichspräsidenten und der Landesregierungen auf Grund des Artikels 48 der Reichsverfassung, Berlin 1922, § 7 „Die Unantastbarkeit der Reichsverfassung" S. 50f. „Die Hinzufügung des Satzes (2) kann nur bedeuten, daß dem Reichspräsidenten etwas erlaubt werden soll, was in der Befugnis zum Treffen der nötigen Maßnahmen noch nicht enthalten ist. Sie bedeutet also (!) eine Ausnahme von einer Beschränkung." Ferner Strupp, Das Ausnahmerecht der Länder nach Art. 48 Abs. 4 der Reichsverfassung, Arch. d. öffentl. Rechts, N. F. Bd. 5 (1923) S. 201. Preuß, Z. f. Politik, XIII S. 105; Maercker, Vom Kaiserheer zur Reichswehr, Leipzig 1921, S. 367; Staff, Das Ermächtigungsgesetz und Artikel 48, Der Tag, 27. Okt. 1923 (Unter Hinweis auf Grau) usw.

zählung im zweiten wirklich zur Einschränkung des ersten Satzes gemeint ist. Diese Frage hat die übliche Auslegung sich bisher überhaupt noch nicht gestellt. Außer auf jenem plausiblen Argument beruht ihr theoretischer Erfolg aber noch auf einem anderen Grunde. Man kann glauben, in Art. 48 Abs. 2 Satz 2 den Gesetzestext gefunden zu haben, der einfach und klar den Reichspräsidenten in die Schranken der Verfassung weist. So hat die übliche Auffassung neben ihrer scheinbaren logischen Einfachheit auch noch einen weiteren Vorteil, weil sie einem rechtsstaatlichen Bedürfnis entspricht, das zweifellos dringend eine Abgrenzung der außerordentlichen Befugnisse des Reichspräsidenten verlangt.

Die praktische Durchführung des Ausnahmezustandes.

Die praktische Handhabung des Art. 48 Abs. 2 durch den Reichspräsidenten und die Reichsregierung[1]) greift aber in Wirklichkeit auch in andere als die in Art. 48 Abs. 2 Satz 2 aufgezählten Verfassungsartikel ein und hält sich keineswegs an die von der üblichen Auslegung vorgeschriebene Grenze. Sie kann sich auch garnicht daran halten. Denn ein wirksamer Ausnahmezustand würde unmöglich, wenn außer den sieben Grundrechten des Satz 2 jeder andere Artikel der Verfassung dem Vorgehen des Reichspräsidenten eine unüberwindliche Schranke entgegensetzte. Zwar ist diese einfache Wahrheit bei manchen nicht aufgezählten Verfassungsartikeln, in welche trotzdem auf Grund von Art. 48 unter allgemeiner Billigung eingegriffen wird, durch höchst mannigfache Erwägungen verschleiert. Die erste Maßnahme z. B., welche im Hinblick auf jene Aufzählung besonders auffallen mußte, betraf die Einführung von außerordentlichen Gerichten; sie erging, obwohl Art. 105 der Verfassung („Ausnahmegerichte sind unstatthaft. Niemand darf seinem gesetzlichen Richter entzogen werden") nicht zu den Grundrechten gehört, die außer Kraft gesetzt werden können. Das ist um so merkwürdiger, als sonst die typische Regelung des Kriegs- oder Belagerungszustandes, z. B. das preußische Gesetz vom 4. Juni 1851, die grundrechtliche Garantie des gesetzlichen Richters für suspendierbar erklärt, um dadurch die Kriegsgerichte des Belagerungszustandes zu ermöglichen. Geschichtlich steht die Suspension gerade dieses Grundrechtes an dem entscheidenden Punkt der Entwicklung des Gedankens,

---

[1]) Ich lasse die Frage, wie sich politisch der Einfluß auf die Verhängung und die Durchführung des Ausnahmezustandes zwischen Reichspräsident und Reichsregierung verteilt, absichtlich beiseite. Vgl. darüber die von mir angeregte Bonner Dissertation von Joseph Engels, Die Zuständigkeit des Reichspräsidenten zur Verhängung und Aufhebung des Ausnahmezustandes, 1923.

Grundrechte außer Kraft zu setzen[1]). Das Reichsgericht hält die außerordentlichen Gerichte nach Art. 48 für zulässig und beruft sich darauf, das Art. 105 Satz 3 die Bestimmungen über Kriegs- und Standgerichte, womit nach seiner Auffassung alle außerordentlichen Strafgerichte des Ausnahmezustandes gemeint sind, ausdrücklich aufrecht halte, so daß ein Eingriff in Art. 105 überhaupt nicht vorliege. Mir scheint diese Begründung nicht richtig. Die Angelegenheit ist aber sehr unklar[2]). Hier kommt es darauf an, ein Beispiel dafür zu zeigen, wie die eigentliche Frage, ob der Reichspräsident auch in andere als die aufgezählten sieben Verfassungsartikel eingreifen darf, umgangen wird. Im Falle des Art. 105, wie auch in andern Fällen, z. B. bei Anordnungen, welche in die Freiheit von Handel und Gewerbe eingreifen, etwa die Schließung von Geschäften und Betrieben zum Gegenstand haben, also den Art. 151 betreffen, half man sich ferner damit, daß man die Anordnungen des Reichspräsidenten, weil sie den Charakter eines Gesetzes tragen, als eine reichsgesetzliche Regelung bezeichnete, die neben andern reichsgesetzlichen Bestimmungen den Grundrechten erst ihren positiven Inhalt gebe[3]). Aber warum gilt das nicht ebenso gut für jene sieben suspendierbaren Grundrechte des Art. 48 Abs. 2 Satz 2, in denen doch auch die Gewährleistung im allgemeinen ebenfalls nur nach Maßgabe der Gesetze oder der Reichsgesetze ausgesprochen ist[4])? Für den nicht aufgezählten Art. 151 entsteht infolge einer Anordnung

---

[1]) Vgl. mein Buch über die Diktatur von den Anfängen des modernen Souveränitätsgedankens bis zum proletarischen Klassenkampf. München und Leipzig 1921, S. 197.

[2]) RGStr 56 S. 151. Man vergleiche zur Frage der Auslegung des Art. 105 unter dem Gesichtspunkt, ob die außerordentlichen Gerichte des Ausnahmezustandes zulässig sind: Graf zu Dohna in der 47. Sitzung der Nationalversammlung, Anschütz, Kommentar zu Art. 48, Anm. 4; Grau a. a. O. S. 129; Hartmann, Pr. Verw. Bl 1922, S. 588; Pencker, Pr. Verw. Bl. 1921, S. 79; Felix Halle, Deutsche Sondergerichtsbarkeit 1918—1921, Berlin 1922, S. 37f.; Ed. Kern, Ausnahmegerichte, Tübingen 1924.

[3]) Vgl. Urteil des Hanseatischen Oberlandesgerichts vom 7. Sept. 1923 (R. II. 157/23) zu der Verordnung des Reichspräsidenten vom 12. Okt. 1922.

[4]) Art. 114: eine Beeinträchtigung oder Entziehung der persönlichen Freiheit ist nur auf Grund von Gesetzen zulässig (die Hinzufügung des Abs. 2 ist praktisch daneben von geringer Bedeutung); Art. 115: Die Wohnung jedes Deutschen ist für ihn eine Freistätte und unverletzlich, Ausnahmen sind nur auf Grund von Gesetzen zulässig; Art. 117: Das Briefgeheimnis sowie das Post- Telegraphen- und Fernsprechgeheimnis sind unverletzlich, Ausnahmen können nur durch Reichsgesetz zugelassen werden; Art. 118: Jeder Deutsche hat das Recht, innerhalb der Schranken der allgemeinen Gesetze seine Meinung frei zu äußern. usw. Richtig v. Lilienthal, DStr. Ztg. 1921, Sp. 274 (zu der Verordnung vom 26. Sept. 1921): Die Suspension war weder notwendig noch nützlich.

des Reichspräsidenten im Ergebnis die gleiche Rechtslage wie z. B. für den aufgezählten Art. 115: beiden gibt der Reichspräsident auf Grund von Art. 48 ihren maßgebenden Inhalt, so daß sie für sein Vorgehen keine Schranken mehr enthalten. Warum erweist also der Satz 2 gerade jenen sieben Grundrechten die Ehre einer Aufzählung und zwar einer Aufzählung mit einer so folgenreichen limitierenden Wirkung?

Unzulänglichkeit der üblichen Auslegung gegenüber der Praxis des Ausnahmezustandes.

Doch liegt die eigentliche Schwierigkeit der üblichen Auslegung noch tiefer. Woraus ergibt sich, daß der Reichspräsident nach Art. 48 Abs. 2 Anordnungen mit Gesetzeskraft erlassen kann? Man beruft sich hier meistens, und zwar mit Recht, auf bestimmte Aeußerungen, die in der verfassunggebenden Nationalversammlung fielen, also auf die Entstehungsgeschichte. Die Aeußerungen betreffen den Satz 1 und erwähnen Satz 2 nicht; darüber ist unten Näheres zu sagen. Was aber auch immer die Entstehungsgeschichte erkennen läßt, man müßte doch annehmen, daß, wenn außer jenen sieben Grundrechten kein Artikel der Verfassung angetastet werden kann, der Reichspräsident zu gesetzlichen Anordnungen überhaupt nicht befugt wäre. Denn die Verfassung regelt in Art. 68ff. den Weg der Gesetzgebung und es bedeutet einen wesentlichen Eingriff in diese Bestimmungen der Verfassung und tastet sie an, wenn neben den einzigen Gesetzgeber, den die Verfassung nennt, noch ein zweiter, ihm gleichstehender, mit ihm auf der Grundlage der Gleichberechtigung konkurrierender, anderer Gesetzgeber treten soll. Man darf hier nicht erwidern, es handle sich um Rechtsverordnungen, für welche der formelle Weg der Gesetzgebung nicht gelte; denn Rechtsverordnungen bedürfen einer durch formelles Gesetz erteilten Ermächtigung. Wollte man nun replizieren, daß die Verfassung selbst in ihrem Art. 48 Abs. 2 die erforderliche Ermächtigung erteile, so wäre das ein erstaunlicher Zirkelschluß: es ist doch gerade die Frage, wie weit die Ermächtigung des Art. 48 Abs. 2 reicht, und die übliche Auffassung schränkt den Satz 1, der die Ermächtigung erteilt, durch die Aufzählung des Satz 2 ein und erlaubt dem Reichspräsidenten keine Abweichung von irgendeiner nicht aufgezählten Verfassungsbestimmung.

Hier zeigt sich schon, wie sehr die übliche Auslegung des Art. 48 vor jeder praktischen Durchführung des Ausnahmezustandes versagt. Die Ausnahmen, welche der Ausnahmezustand mit sich bringt, sollen nach ihr niemals Ausnahmen von Verfassungsbestimmungen sein dürfen, es sei denn, daß es sich um jene sieben Grundrechte handelt. An die Eingriffe in den organisatorischen Aufbau der Verfassung, wie sie jeder Ausnahmezustand mit sich bringt, wird anscheinend überhaupt nicht gedacht. Solche Eingriffe treten aber notwendig ein, sobald von einem typischen Mittel des Ausnahmezustandes, dem Uebergang der vollziehenden Gewalt, Gebrauch gemacht wird. Von Anfang an hat die Reichsregierung den Uebergang von Exekutivbefugnissen, teils mit Außerkraftsetzung von Verfassungsartikeln (zuerst Vo. vom 11. Januar 1920 und 13. Januar 1920) teils ohne sie (Vo. vom 22. März 1920), als Mittel des Ausnahmezustandes benutzt. Die im Uebergang der vollziehenden Gewalt liegende Machtkonzentration, die Vereinigung von Zuständigkeiten in der Hand des Reichspräsidenten oder seiner zivilen oder militärischen Kommissare, verändert alle diejenigen Verfassungsbestimmungen, welche die Zuständigkeiten regeln und durchbricht sogar das ganze, einer bundesstaatlichen Verfassung wesentliche System der Verteilung der Zuständigkeiten. Man kann vernünftigerweise nicht bestreiten, daß es in die Verfassung eingreift, wenn in einem Reich, das verfassungsmäßig Bundesstaat ist, die Landesbehörden einem Zivilkommissar des Reichs, oder beim militärischen Ausnahmezustand einem Reichswehrkommandeur als dem Militärbefehlshaber unterstellt werden. Es entspricht doch nicht der Reichsverfassung, daß der Reichspräsident Chef der Landesbehörden ist, oder daß Thüringen von Stuttgart und Hamburg von Stettin aus regiert wird. „Der militärische Ausnahmezustand, der alle Machtfaktoren in den Händen des Reichs konzentriert", ist, wie die Reichsregierung versichert[1]), nicht zu entbehren. Wie sollte man, nachdem die Verfassung darin besteht, daß die staatliche Macht zwischen Reich und Ländern verteilt ist, eine solche Konzentration durchführen, ohne die Verfassung anzutasten? Das berührt doch nicht nur Art. 5, Art. 14, 15 usw., sondern die grundlegende Organisation des Reiches im Ganzen. Beim Vorgehen des Reiches gegen Thüringen und Sachsen (Verordnungen des Reichspräsidenten vom 26. September 1923 und vom 29. Oktober 1923) trat das handgreiflich in die Erscheinung: die normale Zuständigkeitsverteilung zwischen Reich und Ländern wird ganz beiseite gesetzt, in Hoheitsrechte der Länder eingegriffen, Landesbeamte haben dem Militärbefehlshaber Folge zu leisten, dieser behält sich sogar vor, bei Entlassung von Landes- und Gemeindebeamten einzugreifen, die Kriminalpolizei wird der Reichswehr unterstellt, in Thüringen wird Schulfreiheit am Bußtag verfügt und werden die Schulen weitgehend kontrolliert,

[1]) Der Reichskanzler in der Reichstagssitzung vom 4. Dezember 1923, wiederholt vom Reichsminister des Innern am 5. März 1924. (405. Sitzung Sten. Berichte S. 12595 f.)

durch Beschlagnahmen wird in die freie Wirtschaft eingegriffen usw.[1]) Die Verordnung vom 29. Oktober 1923 (RGBl. I S. 955) besagt: Der Reichskanzler wird ermächtigt, für die Dauer der Geltung dieser Verordnung Minister der sächsischen Landesregierung und der sächsischen Landes- und Gemeindebehörden ihrer Stellung zu entheben und andere Personen mit der Führung der Dienstgeschäfte zu betrauen. Der Reichskommissar Heinze verordnete daraufhin: die sächsischen Minister sind hiermit ihrer Aemter enthoben. Beamte wurden mit der Fortführung der Geschäfte betraut. Der Wehrkreiskommandeur (Generalleutnant Müller) verordnete „in Ausübung der vollziehenden Gewalt": „Bis auf weiteres tritt der Landtag nicht zusammen." Die Absetzung einer Landesregierung durch einen Reichskommissar und die Suspendierung eines Landtags greifen prinzipiell in die bundesstaatliche Organisation des Reiches ein, außerdem nach Lage des Falles in Art. 17 der R.V., die Festnahme von Landtagsabgeordneten kann den Art. 37 verletzen, Amtsenthebung von Beamten den Art. 129. Die übliche Auslegung muß dies ganze Verfahren für verfassungswidrig erklären[2]). Auch hier könnte man allerdings wieder eine Verschleierung versuchen und das Vorgehen statt auf Art. 48 Abs. 2 auf den Abs. 1, die Reichsexekution, stützen. Dafür fehlen aber alle verfassungsmäßigen Voraussetzungen[3]).

---

[1]) Ueber das Vorgehen im Einzelnen vgl. die Denkschriften der thüringischen Regierung über den militärischen Ausnahmezustand in Thüringen, insbesondere die vom 12. Dezember 1923, ferner die Rede des thüringischen Ministerpräsidenten Frölich im Reichstag vom 22. November 1923 (392. Sitzung, Berichte S. 13212) des sächsischen Ministerpräsidenten Fellisch in der gleichen Sitzung (S. 12219) und des Reichswehrministers Geßler vom 23. November 1923 (393. Sitzung, S. 12255).

[2]) Daher müßte sie den Antrag Thüringens im Reichsrat (Nr. 385 vom 10. November 1923): Der Reichsrat wolle feststellen: „Die Verordnung des Reichspräsidenten vom 29. Oktober 1923 RGBl. I, S. 995, ist mit der Reichsverfassung nicht zu vereinbaren" für begründet halten.

[3]) Die Reichsregierung hat sich trotz mancher Unklarheiten der Rechtfertigung doch in der Ueberschrift zu der Verordnung (RGBl. 1923 I, S. 955) auf den Art. 48. Abs. 2 berufen. Abs. 1 würde verlangen, daß ein Land seine dem Reich gegenüber bestehenden Pflichten nicht erfüllt hat. Eine bloße Gefährdung würde für die Reichsexekution nicht genügen. Vgl. Hugo Preuß, 8 Uhr-Abendblatt vom 30. Oktober 1923, ferner Um die Weimarer Verfassung, Berlin 1924, S. 40: darin, daß die sächsische Landesregierung die Aufforderung zum freiwilligen Rücktritt, die der Reichskommissar Heinze erlassen hatte, nicht befolgt, kann eine Verletzung der Reichsverfassung nicht erblickt werden, denn zu solcher Aufforderung stand der Reichsregierung kein verfassungsmäßiges Recht zu; die Aufforderung kann erst eine Maßnahme der Exekution selbst sein; die Berufung auf Art. 17 ist sinnlos, die Reichsregierung kann nicht darüber bestimmen, ob eine Landesregierung das Vertrauen der Volksregierung hat; das Verfahren kann also nur auf Abs. 2 gestützt werden; daher hat die Reichsregierung auch durch Verordnung des Reichspräsidenten

Es wäre ein Mißbrauch, die in Art. 15 R.V. dem Reich gesetzten Schranken dadurch zu beseitigen, daß man ohne weiteres von Reichsexekution spricht. Zweifellos benutzt die Reichsregierung den militärischen Ausnahmezustand als Mittel, um „in Zeiten gespannter Lage eine Reichs e x e k u t i v e zu schaffen“. Unter Juristen sollte das nicht zu einer Verwechslung mit der Reichsexekution führen. Wie man es andererseits bewirken will, eine solche Reichsexekutive zu schaffen, ohne andere als jene sieben Verfassungsartikel anzutasten, ist ein Rätsel. Unzulässig wäre es auch hier, die übliche Auslegung wieder mit einem Zirkelschluß zu retten: es liege kein Eingriff in eine Verfassungsbestimmung vor, weil die Verfassung selbst in ihrem Art. 48 die Befugnis erteile. Denn es soll ja gerade ermittelt werden, wie weit die in Art. 48 erteilte Befugnis geht, und eine Auslegung, die in der Aufzählung der sieben Grundrechte des Satzes 2 eine Handhabe findet, um die Befugnis zu beschränken, gibt ihr eigentliches Argument „enumeratio ergo limitatio“ und damit sich selber auf, wenn sie aus irgendwelchen Erwägungen die Befugnis so ausdehnt, daß auch nichtaufgezählte Verfassungsbestimmungen durchbrochen werden dürfen.

Regierungserklärungen zu Art. 48, Abs. 2.

Es würde die staatsrechtliche Behandlung des Art. 48 Abs. 2 erleichtern, wenn die Reichsregierung selbst ihr Vorgehen mit einer klaren Begründung versehen hätte. Leider ist das nicht der Fall. In offiziellen und offiziösen Erklärungen haben sich Reichminister verschiedentlich geäußert, ohne daß ein präziser Standpunkt zu erkennen wäre. Vielleicht hat bei einer Frage wie der des Ausnahmezustandes keine Regierung ein großes Interesse an juristischer Präzision. Als charakteristisch sei Folgendes hervorgehoben: Nach einer vom Reichskanzler Bauer unterzeichneten Erklärung vom 5. Oktober 1919 (RK 9267 zu Nr. 1097 der verfassunggebenden Nationalversammlung) bedeutet die Aufzählung der Verfassungsartikel in Satz 2 anscheinend nur eine beispielsweise Erwähnung, die keine Einschränkung enthält. „Nach dieser Vorschrift (Art. 48) ist der Reichspräsident befugt, die nötigen Maßnahmen zu treffen; er kann insbesondere (sic) verfassungsmäßige Grundrechte

---

dem Reichskanzler außerordentliche Vollmachten übertragen lassen. Vgl. ferner Voss- Ztg. 31. Oktober 1923: Die Berliner Volksztg. ist vom Reichswehrminister Geßler verboten worden, weil sie die Maßnahmen der Reichsregierung gegen Sachsen als Staatsstreich und Verfassungsbruch bezeichnete. Dazu die Voss. Ztg.: Mit dem Wort und dem Sinn der Weimarer Verfassung ist das Vorgehen nicht in allen Punkten vereinbar (folgt Hinweis auf den Artikel von Preuß); es kann nur auf Art. 48 Abs. 2 gestützt werden, der aber keine Uebertragung der vollziehenden Gewalt an Militärbefehlshaber kennt.

vorübergehend außer Kraft setzen und erforderlichenfalls mit Hilfe der bewaffneten Macht einschreiten." Es wird hinzugefügt, daß die Befugnisse des Reichspräsidenten, solange das künftige Reichsgesetz sie nicht begrenzt, im Rahmen des Art. 48 unbegrenzt sind. Viel zitiert wird die Aeußerung des Reichsjustizministers Schiffer aus der 147. Sitzung der Nationalversammlung vom 3. März 1920 (Sten.-Berichte Bd. 332, S. 4636), wonach der Reichspräsident auf Grund des Art. 48 alle Maßnahmen treffen kann, solche der Gesetzgebung wie der Verwaltung wie rein tatsächliche Maßnahmen, aber keine solchen, die die Verfassung außer Kraft setzen oder beseitigen, weil solche nur nach Satz 2 möglich sind; Satz 2 erweitere den Satz 1. Der Reichsminister des Innern Oeser sagte in der 377. Reichstagssitzung vom 7. Juli 1923 (Sten.-Ber. S. 11741), ohne prinzipielle Behandlung der Rechtsfrage, daß die Immunitätsrechte der Art. 36, 37 und 38 R.V. selbstverständlich für alle Abgeordneten ausnahmslos gelten und auch durch „Notverordnungen" nicht eingeschränkt werden dürfen. Anläßlich des Vorgehens gegen Sachsen erschien in der Deutschen Allgemeinen Zeitung vom 30. Oktober 1923 eine anscheinend offiziöse Erklärung über die staatsrechtlichen Erwägungen der Reichsregierung, in welcher es heißt: „Nur einige von ihnen (den Grundrechten) dürfen außer Kraft gesetzt werden. Weitere Beschränkungen ergeben sich aus den grundsätzlichen Bestimmungen der Verfassung. Innerhalb dieser Grenze aber ist der Reichspräsident berechtigt, alle Anordnungen zu erlassen, die er zur Wiederherstellung der Sicherheit und Ordnung für nötig erachtet. Er kann Gesetze aufheben oder neue erlassen, die bewaffnete Macht einsetzen, wirtschaftliche und finanzielle Maßnahmen treffen usw. Keine Bestimmung der Reichsverfassung hindert ihn, im Falle der Not Minister eines Landes vorübergehend ihrer Dienstgeschäfte zu entheben und andere damit zu betrauen. Durch die Verordnung vom 23. März 1920 ist gegenüber Thüringen bereits so verfahren worden. Der schwerste Fall unter den Maßnahmen, zu denen die Reichsregierung auf Grund des Art. 48 greifen kann, ist die der Reichsexekutive." Es sei schließlich noch erwähnt, daß der Reichskanzler Marx am 2. Januar 1924 im Reichstag (Drucksache Nr. 6412) über die Gewährleistung der Wahlfreiheit durch Art. 125 R.V. sprach und betonte, daß diese Verfassungsbestimmung auch durch Art. 48 nicht außer Kraft gesetzt werde, ohne sich übrigens ausdrücklich auf die Aufzählung des Abs. 2 Satz 2 zu berufen.

Notwendigkeit einer gründlicheren Untersuchung des Art. 48 Abs. 2.

Solche Aeußerungen der Reichsregierung scheinen wohl der üblichen Auslegung des Art. 48 Abs. 2 entgegen zu kommen.

Doch enthalten sie keine genaue rechtliche Stellungnahme und vermeiden es sorgfältig, ein anderes Wort zu gebrauchen als „außerkraftsetzen" oder die Verfassung „beseitigen". Die Aeußerung des Reichsjustizministers Schiffer vom 3. März 1920 entspricht scheinbar der üblichen Auffassung am meisten, doch ist auch hier eine Erklärung dessen, was „außer Kraft setzen" bedeutet, nicht gegeben. Zudem hebt dieselbe Aeußerung hervor, daß im Wege tatsächlicher Maßnahmen alles möglich ist, daß der Reichspräsident Städte mit giftigen Gasen belegen kann usw., sodaß angesichts dieser tatsächlichen Grenzenlosigkeit die praktische Bedeutung der Verfassungsschranke unklar bleibt: wenn der Reichspräsident in solcher Weise nach Satz 1 über Tod und Leben verfügt, wird die aus Satz 2 gefolgerte Schranke eine leere Formalität und in der Sache bedeutungslos; wenn er *vi armata* alle Redakteure, Setzer und Drucker einer Zeitung erschießen und die Druckerei dem Erdboden gleich machen kann, so brauchte man ihn eigentlich nicht darüber zu beruhigen, daß er die Zeitung verbieten darf. Es muß eine besondere Bedeutung haben, wenn das durch die Aufzählung der Pressfreiheit als eines suspendierbaren Rechts ausdrücklich geschieht. Eine Hauptschwierigkeit, nämlich die Frage, warum Eingriffe in die Organisation des Reiches, insbesondere der Uebergang der vollziehenden Gewalt, der doch offenbar für zulässig gehalten wird, trotz der unvermeidlichen Kollision mit Verfassungsbestimmungen zulässig ist, wird in keiner Regierungserklärung beantwortet. Bei dieser unbefriedigenden Problemlage — eine oberflächliche landläufige Behauptung, eine ihr widersprechende Praxis, Regierungserklärungen ohne präzise Stellungnahme zu der juristischen Schwierigkeit — wird man den Art. 48 Abs. 2 in seinem Wortlaut und seiner Entstehungsgeschichte gründlicher untersuchen müssen, als es bisher geschehen ist. Auf die Entstehungsgeschichte muß dabei eingegangen werden. Daß sie herangezogen wird, soll nicht bedeuten, daß irgendwelche beliebigen Aeußerungen irgendeines der zahlreichen Beteiligten für maßgebend erklärt werden. Gerade die Erörterungen über den Ausnahmezustand zeigen gelegentlich einen besonderen Mangel an verfassungsrechtlichem Ueberblick und sind häufig nur von den allernächstliegenden politischen Erfahrungen und Absichten beherrscht. Wohl aber muß die Entstehung des Textes in seinem jetzigen Wortlaut und müssen die verfassungsgesetzgeberischen Motive aus der Zeit der Entstehung beachtet werden, damit nicht die Erklärung des Wortlauts sich in einer sophistischen Silbenstecherei verliert. Durchwegs ist anerkannt, daß Art. 48 bereits geltendes Recht ist und der Reichpräsident die Befugnis aus Art. 48 Abs. 2 schon vor Inkrafttreten des in

Abs. 5 vorgesehenen Reichsgesetzes hat. Die Begründung hierfür ergibt sich aber auch nicht ohne weiteres aus dem Wortlaut des Art. 48, sondern erst aus der Entstehungsgeschichte, aus den Erklärungen von Berichterstattern, denen die Auslegung mit Recht eine entscheidende Bedeutung beilegt. Insbesondere gilt das von den Aeußerungen der Abgeordneten v. Delbrück und Graf zu Dohna in den Sitzungen der Nationalversammlung vom 4. und 5. Juli 1919. Hier wurde außer Zweifel gestellt, daß der Reichspräsident die außerordentlichen Befugnisse sofort mit dem Inkrafttreten der Verfassung erhalten solle. Wenn aber solche Aeußerungen zur Beantwortung der Frage nach dem Verhältnis von Abs. 2 zu Abs. 5 des Artikels maßgebend sind, so wird man sie für die Auslegung des Abs. 2, insbesondere für das Verhältnis von seinem Satz 1 zu Satz 2, nicht ignorieren dürfen, wie das bisher allgemein geschehen ist. Auch wäre es grundsätzlich falsch, eine Verfassungsbestimmung über den Ausnahmezustand, die absichtlich eine nähere Regelung vorbehält, ohne Rücksicht auf die abnorme Lage des Jahres 1919 untersuchen zu wollen und die Schlüsse, welche die Urheber der Verfassung aus einer solchen Lage gezogen haben, zu vergessen. So definitiv normal ist die heutige Situation nicht, als daß man dazu berechtigt wäre.

Der Wortlaut des Art. 48 Abs. 2.

Die beiden Sätze des Art. 48 Abs. 2 haben in der vorliegenden Fassung auf den ersten Blick etwas Verschobenes und Verrenktes, weil der Anfang des zweiten Satzes („Zu diesem Zweck") sich nicht glatt an den Schluß des ersten Satzes („mit Hilfe der bewaffneten Macht einschreiten") anfügt. Die Entstehungsgeschichte klärt das mühelos auf. Der Entwurf Preuß vom 3. Januar 1919 gab in seinem § 63 dem Reichspräsidenten die Befugnis zu allen Anordnungen zwecks Wiederherstellung der öffentlichen Sicherheit und Ordnung. „Der Reichspräsident kann . . . mit Hilfe der bewaffneten Macht einschreiten und die zur Wiederherstellung der öffentlichen Sicherheit und Ordnung erforderlichen Anordnungen treffen." Der zweite Satz, welcher besagt, daß bestimmte Grundrechte außer Kraft gesetzt werden können, ist erst im Staatenausschuß hinzugekommen; er ist ohne weiteres mit den Worten „Zu diesem Zweck" an den ersten Satz angefügt worden und, abgesehen von der Bezifferung der suspendierbaren Grundrechte, immer unverändert geblieben. Der Reichspräsident kann also „zu diesem Zweck" gewisse Grundrechte außer Kraft setzen. Die Worte „Zu diesem Zweck" schlossen sich ursprünglich an die Schlußworte des ersten Satzes „zur Wiederherstellung der öffentlichen Sicherheit und Ordnung erforderlichen Maßnahmen treffen" an. Auf eine Anregung Beyerles hat man, und zwar erst in der Sitzung der Nationalversammlung vom 5. Juli 1919 (Sten. Ber. Bd. 327, S. 1328), in Satz 1 das militärische Einschreiten, das bisher an erster Stelle stand, an die zweite Stelle gesetzt, weil man das extremste Mittel nicht als erstes erwähnen wollte, also aus rein redaktionellen Gründen. Dadurch folgen die Worte „Zu diesem Zweck" auf das Einschreiten mit bewaffneter Macht und erscheinen etwas verschoben. Doch bleibt der Sinn klar. „Zu diesem Zweck" heißt also natürlich nicht: um mit Hilfe der bewaffneten Macht einzuschreiten. Es bedeutet aber aus demselben Grunde (denn grammatisch, syntaktisch und logisch steht das Einschreiten mit bewaffneter Macht dem „Maßnahmen treffen" gleich) ebensowenig: um die nötigen Maßnahmen zu treffen. Sondern es heißt: zur Wiederherstellung der öffentlichen Sicherheit und Ordnung. Nach der Entstehungsgeschichte wie auch nach dem unbefangen aufgefaßten Wortlaut ist sprachlich wie gedanklich eine andere Bedeutung unmöglich. Der Zweck, der den ganzen Abs. 2 beherrscht, ist selbstverständlich die Wiederherstellung der öffentlichen Sicherheit und Ordnung. Mit bewaffneter Macht einzuschreiten oder Maßnahmen zu treffen ist kein Zweck, sondern gerade das Mittel zu diesem Zweck. Wollte man in dem „Maßnahmen treffen" den Zweck des Satz 2 sehen, so müßte es heißen: um diese Maßnahmen treffen zu können, nicht: um diese Maßnahmen zu treffen. Die enge Verbindung, welche die übliche Auslegung stillschweigend zwischen Satz 2 und Satz 1 herstellt, damit eine einschränkende Auslegung möglich wird, läßt sich mit dem Wortlaut in keiner Weise rechtfertigen. Der Text besagt nur: Zum Zweck der Wiederherstellung der öffentlichen Sicherheit und Ordnung kann der Reichspräsident Maßnahmen treffen und darf er gewisse Grundrechte außer Kraft setzen.

Man könnte vielleicht das sehr weite und allgemeine Wort „Maßnahmen" so auffassen, daß auch die Außerkraftsetzung von Grundrechten als Maßnahme bezeichnet wird. Dann spräche Satz 2 ebenfalls von einer Maßnahme. In diesem Falle wäre aber die Einschränkung, welche die übliche Auslegung auf den ganzen Satz 1 ausdehnen will, ebenfalls logisch unzulässig. Denn Satz 2 besagt dann wiederum nur: wenn die Maßnahme des Reichspräsidenten in der Außerkraftsetzung von Grundrechten besteht, so ist sie beschränkt auf gewisse aufgezählte Grundrechte. Die Einschränkung geht also auf keinen Fall über den Satz 2 hinaus und wirkt niemals so weit, daß sie überhaupt die Befugnisse des Reichspräsidenten allgemein beschränkte. Das plausible Argument von der Enumeration auf die Limitation gilt doch nur im Rahmen der

Befugnis, welche von der Aufzählung betroffen wird, und das ist nur die Außerkraftsetzung von Grundrechten. Es gilt nicht weiter als bis zu dem Satz: wenn der Reichspräsident Grundrechte außer Kraft setzen will, so darf er nur die aufgezählten Grundrechte außer Kraft setzen. Was er ohne Außerkraftsetzung von Grundrechten tun kann, ob er sich zur Erreichung seines Zweckes im konkreten Fall über einzelne Verfassungsbestimmungen hinwegsetzen darf, ohne sie außer Kraft zu setzen, darüber ist durch die Aufzählung in Satz 2 nichts entschieden.

Bedeutung des Wortes: Außer Kraft setzen.

Eine Norm außer Kraft setzen bedeutet begrifflich: ihre Geltung durch eine ausdrückliche Erklärung für sich und jede zuständigerweise handelnde Behörde aufheben. In diesem Sinne von Aufheben kommt das Wort in Art. 48 Abs. 3 und Abs. 4 noch einmal vor: der Reichstag kann verlangen, daß die Maßnahmen des Reichspräsidenten außer Kraft gesetzt werden. Außer Kraft setzen heißt aufheben und beseitigen. Es ist aber möglich, im Wege tatsächlichen Vorgehens eine Norm (und darum handelt es sich bei Verfassungsbestimmungen) zu ignorieren, im konkreten Fall von ihr abzuweichen, ohne sie außer Kraft zu setzen. Der § 1 des Ermächtigungsgesetzes vom 13. Okt. 1923 (RGBl. I, S. 943) sagt z. B.: „Dabei kann von den Grundrechten der Verfassung abgewichen werden." Das bedeutet etwas anderes als eine Außerkraftsetzung der Grundrechte, weil nur das handelnde Organ selbst (beim Ermächtigungsgesetz die Regierung) nicht jede nach Lage der Sache in Betracht kommende Behörde abweichen darf. Außerkraftsetzen hat also eine unzweideutige rechtliche Sonderbedeutung. Wer eine rechtliche Bestimmung verletzt, hebt sie nicht auf und setzt sie nicht außer Kraft. Der Delinquent verletzt die dem Strafgesetz zugrunde liegende Norm, er weicht von ihr ab, er durchbricht sie, alles das, ohne sie außer Kraft zu setzen. Ebensowenig aber setzt derjenige eine Bestimmung außer Kraft, der befugterweise eine Ausnahme macht. In seiner rechtslogischen Eigenart wird das am besten deutlich an einem typischen Fall der Ausnahme, der Gnade: wer begnadigt, macht eine Ausnahme von strafrechtlichen und strafprozessualen Normen, ohne daran zu denken, sie außer Kraft zu setzen. Vielmehr soll die Ausnahme die Kraft der Regel bestätigen. Die Ausnahme setzt sogar die unveränderte Weitergeltung der Norm voraus, von der sie abweicht. Es gehört zum Begriff der Ausnahme, daß sie eingreift, ohne aufzuheben und abweicht, ohne außer Kraft zu setzen. In Art. 48 Abs. 2 handelt es sich aber um Ausnahmen, Maßnahmen des Ausnahmezustandes, die in das geltende Recht eingreifen, erlaubterweise gemachte Ausnahmen.

Die rechts- und verfassungsgeschichtliche Entwicklung, die zur Suspension von Grundrechten geführt hat, bestätigt diesen Begriff. Nach der geschichtlichen Entwicklung können nur Grundrechte, nicht beliebige Verfassungsartikel außer Kraft gesetzt werden. Das erklärt sich daraus, daß durch die Suspension von Grundrechten rechtliche Schranken, welche der handelnden staatlichen Behörde zugunsten des Staatsbürgers gesetzt sind, beseitigt werden. Die Suspension oder Außerkraftsetzung hebt diese Schranken für jedes zuständigerweise handelnde Organ auf. Beim sog. kleinen Belagerungszustand (§ 16 des preußischen Gesetzes über den Belagerungszustand vom 4. Juni 1851) ist das ohne weiteres klar: hier hebt die Regierung gewisse Grundrechte auf, ohne daß ein Uebergang der vollziehenden Gewalt stattfindet, d. h. ohne daß an der formalen Zuständigkeit der staatlichen Behörden etwas geändert wird und ohne daß die im Uebergang der vollziehenden Gewalt liegende Konzentration der Zuständigkeiten eintritt. Hier soll demnach für alle Behörden, die nach Lage der Sache zu einem Vorgehen zuständig sind, die grundrechtliche Schranke beseitigt werden. Die formale Zuständigkeit bleibt bestehen, der Inhalt der Zuständigkeit, das, was die zuständige Behörde nunmehr tun darf, wird erweitert. Es ist also durch die Außerkraftsetzung von Grundrechten eine rechtliche Schranke für alle zuständigen Behörden beseitigt[1]). Werden aber die Grundrechte aufgehoben unter Uebergang der vollziehenden Gewalt, so bedeutet es, daß sowohl der Inhaber der vollziehenden Gewalt als auch alle ihm jetzt unterstellten zuständigen Verwaltungsbehörden von den grundrechtlichen Schranken frei werden. Es ist daher im Wesentlichen durchaus zutreffend, wenn Delius (Pr. Verw. Bl. Bd. 36, 1915, S. 573) sagt: „Selbstverständlich ist durch den Wegfall der Verfassungsartikel auch die Gewalt der zivilen Verwaltungsbehörde erweitert.“ Der Inhaber der vollziehenden Gewalt kann aber als Vorgesetzter aller in Betracht kommenden Behörden ihnen Anweisungen geben, an jedem beliebigen Punkt eingreifen und vereinigt so die ganze Macht in seiner Hand. Dadurch wird nicht ausgeschlossen, daß durch die Außerkraftsetzung der Grundrechte für ihn wie für alle Behörden, die es angeht, die in den Grundrechten liegende Rechtsschranke beseitigt ist.

---

[1]) Sehr korrekt ist die Ausdrucksweise der Verordnung vom 26. Sept. 1923 § 1: „Die Art. 114 usw. werden bis auf weiteres außer Kraft gesetzt. Es sind daher Beschränkungen der persönlichen Freiheit, des Rechtes auf freie Meinungsäußerung . . . auch außerhalb der sonst hierfür geltenden gesetzlichen Grenzen zulässig.“

Begrifflich wie verfassungsgeschichtlich enthält daher die Befugnis, Grundrechte (mit oder ohne Uebergang der vollziehenden Gewalt) außer Kraft zu setzen, eine eigenartige Einwirkung auf die rechtsstaatlich geordnete staatliche Verwaltung. Sie ist eine besondere Form, Rechtsschranken, welche der Verwaltung, d. h. dem aktiv vorgehenden Staat gesetzt sind, und welche ihn hemmen, zu beseitigen, damit für das Vorgehen ein weiterer Betätigungsraum geschaffen wird. Diese Rechtsschranken im einzelnen Fall zu ignorieren, ist etwas anderes als sie für bestimmte Zeit ganz oder teilweise zu beseitigen und außer Kraft zu setzen. Die Befugnis, Grundrechte zu suspendieren, ist daher eine besondere, neben den sonstigen Wirkungen des Ausnahmezustandes auftretende Befugnis. Dabei macht es keinen Unterschied, ob der Inhaber der vollziehenden Gewalt selbst für sich und andere Behörden, oder ob eine andere Stelle die Suspension ausspricht. Diese Befugnis tritt als weitere selbständige Befugnis zu der andern Befugnis, selber zu handeln, hinzu. Wenn man schon den Wortlaut des Art. 48 Abs. 2 genau beachten will, so darf man nicht übersehen — ohne daß damit ein entscheidendes Argument ausgesprochen sein sollte — daß die Ausdrucksweise der Verfassung insofern juristisch korrekt ist, als der Reichspräsident nach Abs. 1 Maßnahmen treffen k a n n, während er nach Satz 2 Grundrechte außer Kraft setzen d a r f. In der Befugnis, alle nötigen Maßnahmen zu treffen, ist die zweite Befugnis, Grundrechte außer Kraft zu setzen, nicht ohne weiteres enthalten. Will man allerdings die Außerkraftsetzung als eine Maßnahme bezeichnen (darüber braucht hier nicht gestritten zu werden), so besagt Art. 48 Abs. 2, daß unter den zulässigen Maßnahmen diese Maßnahme auf die genannten sieben Grundrechte beschränkt ist. Eine Maßnahme, welche Außerkraftsetzung bedeutet, ist also natürlich beschränkt. Eine Verordnung z. B., welche allgemein im Interesse von Sparmaßnahmen den Abbau von Beamten ohne Rücksicht auf Art. 129 R.V. für zulässig erklärt, ist verfassungswidrig, weil sie eine Außerkraftsetzung enthält, und Art. 129 nicht zu den suspendierbaren Rechten gehört. Wohl aber kann der Reichspräsident nach Art. 48 Abs. 2 Satz 1 im konkreten Falle Reichs-, Landes- und Gemeindebeamten die Ausübung ihres Amtes untersagen und andere Personen mit der Wahrnehmung der Amtsgeschäfte betrauen. Das ist ein Eingriff in den Art. 129, aber keine Außerkraftsetzung. Entsprechendes gilt für alle übrigen nicht aufgezählten grundrechtlichen Bestimmungen, z. B. auch den vielumstrittenen Art. 159 [1]).

---

[1]) Die Befugnis durch eine allgemeine Verordnung in die Vertrags- und Wirtschaftsfreiheit (151, 152) einzugreifen, sollte nach der Ent-

Der Wortlaut des Art. 48 Abs. 2 ergibt also, daß der Reichspräsident eine allgemeine Befugnis hat, alle nötigen Maßnahmen zu treffen und eine besondere Befugnis, gewisse aufgezählte Grundrechte außer Kraft zu setzen. Die Einschränkung gilt nur für die besondere Befugnis: will der Reichspräsident Grundrechte außer Kraft setzen, so ist er durch die Aufzählung beschränkt. Darauf muß man die Einschränkung, welche die übliche Auffassung auf den ganzen Satz 1 ausdehnen will, einschränken. Jeder Versuch, nicht nur für die Außerkraftsetzung, sondern für jedes einen Verfassungsartikel berührende Vorgehen aus der Aufzählung eine Rechtsschranke zu konstruieren, ist angesichts des genauer betrachteten Wortlautes eine Erschleichung.

Entstehungsgeschichte des Art. 48 Abs. 2.

Dieses Ergebnis einer gründlicheren Untersuchung des Verfassungstextes wird durch die Entstehungsgeschichte höchst auffällig bestätigt. Daß der Satz 2 zuerst im Staatenausschuß erscheint und der allgemeinen, schrankenlosen Ermächtigung des Satz 1 angefügt wird, deutet auf ein besonderes Interesse, welches die Länder an dieser Bestimmung haben. Man darf nicht übersehen, daß die Landesregierungen damals in der Bestimmung über den Ausnahmezustand (§ 63 des Entwurfes Preuß; Art. 68 des ersten Regierungsentwurfes) überhaupt nicht erwähnt waren. Der berühmte Abs. 4 ist erst am 5. Juli 1919 in der Nationalversammlung auf einen Antrag Beyerle aufgenommen worden. Dadurch, daß der Reichspräsident die Befugnis erhielt, bestimmte Grundrechte außer Kraft zu setzen, war nämlich die Möglichkeit gegeben, daß die an sich zuständigen Behörden, also normalerweise die Polizeibehörden, demnach Landesorgane, die öffentliche Sicherheit und Ordnung wiederherstellen konnten, ohne daß der Reichspräsident selbst vorging. Er konnte durch die Außerkraftsetzung die aufgezählten Grundrechte und die in ihnen liegenden rechtsstaatlichen Schranken beseitigen und dadurch den Landesbehörden den Weg frei machen für ein wirksames

---

stehungsgeschichte dadurch erteilt werden, daß der Art. 153 unter die suspendierbaren Rechte aufgenommen wurde. Vgl. die Beratung der Aufnahme des Art. 153 (damals 150) in der 47. Sitzung der Nationalversammlung vom 5 Juli 1919. Der preußische Minister Heine hob hervor, daß die Heranziehung dieses Artikels dazu dienen sollte, Eingriffe in Lebensmittelpreise und Verkäufe zu ermöglichen. Bezeichnend ist auch hier die Ausdrucksweise der maßgebenden Herren: der Minister Heine spricht davon, daß der Inhaber der vollziehenden Gewalt diese Möglichkeit erhalten soll; Preuß sagt „die Behörde". Vom Reichspräsidenten wird nicht gesprochen. Die Ursache dieser Ausdrucksweise ergibt sich aus der im Text folgenden Darlegung der Entstehungsgeschichte.

Vorgehen. Es wäre demnach nicht erforderlich, daß der Reichspräsident bei jeder Gefährdung der öffentlichen Sicherheit und Ordnung selbst vorgeht und in die Verwaltungszuständigkeit der Länder eingreift. In einfacheren Fällen würde es genügen, für die an sich zuständigen Behörden (mögen es nun Reichs- oder Landesbehörden sein) die Grundrechte außer Kraft zu setzen. Die Befugnis aus Satz 2 entspricht in der Sache wie in ihrem Wortlaut dem sog. kleinen Belagerungszustand des preußischen Belagerungszustandsgesetzes von 1851 (§ 16), wonach die Regierung auch ohne Uebergang der vollziehenden Gewalt für die an sich zuständigen Behörden gewisse Grundrechte suspendieren konnte. Satz 2 hat also in seiner ursprünglichen und auch heute noch praktisch brauchbaren Bedeutung einen ganz verständigen Sinn: der Reichspräsident hat es in der Hand, den Landesbehörden ein wirksames Vorgehen zu ermöglichen, ohne selbst einzugreifen.

Allerdings tritt dieser Gedanke in den gedruckten Materialien nicht weiter hervor. Man darf hier allerdings eine merkwürdige Aeußerung des Abgeordneten Fischer (in der Sitzung des 8. Ausschusses vom 8. April 1919, Bd. 336, S. 275) nicht unbeachtet lassen, in der es heißt, daß der Reichspräsident, wenn in einem G l i e d s t a a t die öffentliche Sicherheit gefährdet ist, Grundrechte aufheben darf. Im übrigen bezieht sich die Diskussion hauptsächlich auf die Mittel der Kontrolle, ferner auf die Frage, welche Grundrechte suspendierbar werden sollen, während man sich über die Bedeutung der Suspension wenig Gedanken macht. Um so bestimmter lassen alle beachtlichen Aeußerungen erkennen, daß die Befugnis, welche der Reichspräsident nach Satz 2 erhält, von der Befugnis aus Satz 1 stets unterschieden wurde. Die Ansicht des Verfassungsausschusses ist absolut präzis formuliert in dem Bericht des Abgeordneten Dr. Ablaß (Bd. 336, S. 233), welcher sagt: In Art. 49 (damals entsprechend dem jetzigen Art. 48 Abs. 2) hat der Reichspräsident eine ganz neue Befugnis erhalten (damit ist der Gegensatz zu dem bisherigen Kriegs- und Belagerungszustandsrecht ausgesprochen); es ist e i n m a l (sic) die Befugnis, die öffentliche Sicherheit und Ordnung, nötigenfalls unter Zuhilfenahme der bewaffneten Macht, wiederherzustellen; „und d a n n die Befugnis" (sic), eventuell die Grundrechte ganz oder zum Teil außer Kraft zu setzen. „J e n e Befugnis geht sehr weit. Aber wenn wir die Geschehnisse unserer Tage überblicken, werden wir finden, daß sie aus der Not der Zeit heraus geboren ist und dem Präsidenten ein starkes Mittel an die Hand gibt, auf das er unter keinen Umständen wird verzichten können. Diese Stärkung der Macht des Präsidenten begrüße ich aufs freudigste." Das ist die klarste Aeußerung der ganzen Entstehungsgeschichte über das Verhältnis von Satz 2 zu Satz 1. Bestimmter kann man die gegenseitige Beziehung der beiden Sätze nicht ausdrücken. Dem Reichspräsidenten sollen zwei getrennte Befugnisse verliehen werden. Alle übrigen Aeußerungen bestätigen diese Absicht. Der Mitberichterstatter Fischer kennzeichnet die Befugnis des Reichspräsidenten als etwas Doppeltes: er kann das Heer aufbieten und in der Verfassung festgelegte Grundrechte aufheben (a. a. O. S. 275). Preuß sagt (S. 288): „Der Reichspräsident kann ..... die nötigen Anordnungen und auch (sic) gewisse Bestimmungen treffen, die an das erinnern, was man bisher Belagerungszustand genannt hatte."

Ebenso deutlich sind die Aeußerungen der Abgeordneten v. Delbrück und Graf Dohna in der 46. und 47. Sitzung der Nationalversammlung vom 4. und 5. Juli 1919 (Bd. 327, S. 1304 ff, 1355 ff). Sie sind tatsächlich die eigentliche Quelle für die Auslegung des Art. 48 geworden. Auf ihnen beruht, wie erwähnt, insbesondere die nicht mehr zu bestreitende Auffassung, daß Art. 48 trotz der in Abs. 5 vorbehaltenen näheren Regelung unmittelbar geltendes Recht schafft. Alle staatsrechtlichen Erörterungen über den Art. 48 Abs. 2, sowohl die des Reichskanzlers in der zitierten Aeußerung vom 5. Oktober 1919, wie die des Reichsjustizministers Schiffer vom 3. März 1920, das Reichsgericht in seinen Entscheidungen wie alle Autoren des Schrifttums berufen sich als maßgebendes Argument auf jene Ausführungen vom 4. und 5. Juli. Was ergibt sich also aus ihnen für die Frage nach dem Verhältnis von Satz 2 zu Satz 1 in Art. 48 Abs. 2? Ohne die Trennung der beiden Befugnisse aus den beiden Sätzen sind sie überhaupt unverständlich. Der Abgeordnete v. Delbrück sagt am 4. Juli 1919, der Reichspräsident habe bis zur näheren reichsgesetzlichen Regelung eine unbeschränkte Befugnis; „er kann also alle erforderlichen Maßnahmen treffen, er ist auch in der Lage, Rechtsverordnungen zu erlassen, soweit sie notwendig sind, bis das Nähere durch Reichsgesetz bestimmt wird". Daß die Aufzählung der Grundrechte in Satz 2 eine allgemeine Einschränkung dieser in Satz 1 erteilten Befugnis enthält, wird nicht einmal angedeutet, obwohl es, wenn es gemeint gewesen wäre, von einem Juristen unmöglich stillschweigend übergangen werden durfte, denn es verstand sich bei der vorher immer betonten Unterscheidung der beiden Befugnisse keineswegs von selbst. Im Gegenteil: am 5. Juli wiederholt v. Delbrück die typische Aufzählung der doppelten Befugnis des Reichspräsidenten: dieser kann mit Hilfe der bewaffneten Macht einschreiten und die zur Wiederherstellung der öffentlichen Sicherheit und Ordnung erforderlichen Maßnahmen treffen, „er kann ferner (sic) eine Reihe von

Grundrechten außer Kraft setzen". Maßnahmen nach Satz 1 kann der Reichspräsident bis zum Erlaß des Reichsgesetzes ohne jede Einschränkung treffen, und zwar alle Maßnahmen, Rechtsvorschriften, Strafbestimmungen, Einsetzung außerordentlicher Gerichte. „Ich möchte diese Interpretation noch einmal ausdrücklich feststellen. Sie ist bei dem Aufbau des Artikels nach meiner Ansicht garnicht zu bezweifeln." Wiederum kein Wort von der allgemeinen Einschränkung durch jene sieben Verfassungsartikel. Ihre Erwähnung hätte dem Gedankengang die entgegengesetzte Richtung gegeben. Ebenso bezeichnend sind die Aeußerungen des Grafen zu Dohna, der sich die Frage stellt, warum außerordentliche Gerichte eingeführt werden dürfen, obwohl Art. 105 der Verfassung nicht unter den Grundrechten aufgezählt ist, die außer Kraft gesetzt werden können. Ein Jurist, welcher damals die heute übliche Auffassung teilte, hätte doch wirklich hier von der einschränkenden Wirkung jener Aufzählung des Satz 2 ausgehen und dann irgendwelche Gründe, etwa die oben erwähnten der Entscheidung des Reichsgerichts (Strafs. Bd. 56, S. 161) angeben müssen, um es zu rechtfertigen, daß der Reichspräsident außerordentliche Gerichte einsetzen darf, obwohl Art. 105 in der Aufzählung der suspendierbaren Grundrechte fehlt. Statt dessen erklärt Graf Dohna folgendes: es müssen möglichst bald wieder gesetzliche Bestimmungen wie die des Belagerungszustandsgesetzes von 1851 über Kriegs- und Standgerichte eingeführt werden; es ist Aufgabe der reichgesetzlichen näheren Regelung, das zu tun; diese reichsgesetzliche Regelung ist um so notwendiger, „weil ja doch gerade die Frage, ob Standgerichte, außerordentliche Kriegsgerichte und derartiges auf Grund dieser Bestimmungen (Art. 48 Abs. 2) eingesetzt werden können, zweifelhaft ist". Bis zum Erlaß des Reichsgesetzes besteht also eine „Lücke". Aber „bis dahin bin auch ich der Meinung, daß der Reichspräsident das Recht hat, alle erforderlichen Maßnahmen zu treffen, auch Bestimmungen über die Ordnung des Verfahrens vor außerordentlichen Kriegsgerichten erlassen kann". Das heißt: es kommt nicht darauf an, ob Art. 105 unter den suspendierbaren Grundrechten des Satz 2 aufgezählt ist; auch in nicht aufgezählte Grundrechte darf eingegriffen werden, weil die Befugnis, alle erforderlichen Maßnahmen zu treffen, jedenfalls auch die Einsetzung von außerordentlichen Gerichten deckt, selbst wenn es nach Satz 2 zweifelhaft ist. Der Reichspräsident hat eben, wie Graf Dohna es formulierte „plein pouvoir". Die limitierende Wirkung der in Satz 2 vorgenommenen Aufzählung wird hier nicht nur stillschweigend außer Acht gelassen, sondern implicite abgelehnt. Sie konnte nicht ausdrücklich abgelehnt werden, weil allen Beteiligten, soweit sie ein distinktes juristisches Bewußtsein hatten, der eigentliche Sinn des Satz 2 viel zu selbstverständlich war, als daß sie einen erst nach dem Inkrafttreten der Verfassung auftauchenden Interpretationsversuch hätten erwähnen können.

Zusammengefaßt folgt aus der Entstehungsgeschichte: keiner der Urheber des Art. 48 Abs. 2 ging davon aus, daß in Abs. 2 Satz 2 eine allgemeine Einschränkung der in Satz 1 erteilten allgemeinen Befugnis enthalten sei. Dem Reichspräsidenten wurde die Befugnis erteilt, alle nötigen Maßnahmen zu treffen. Davon, daß die Aufzählung in Satz 2 eine fundamentale Abgrenzung der in Satz 1 erteilten Befugnis enthielte, war nicht nur nicht die Rede, sondern Satz 2 wurde im Gegenteil aufgefaßt als eine zwar in sich durch die Aufzählung begrenzte, im übrigen aber zu der Befugnis aus Satz 1 hinzutretende eigenartige Befugnis. Auch eine Betrachtung der Entstehungsgeschichte führt zu dem gleichen Schluß, den eine gründlichere Untersuchung des Wortlautes ergab. Weder die praktischen Notwendigkeiten einer Durchführung des Ausnahmezustandes, noch der Wortlaut des Verfassungstextes, noch die Entstehungsgeschichte und alle erkennbaren Vorstellungen der Gesetzesurheber lassen sich also mit jener plausiblen Auslegung des Abs. 2 vereinbaren. Was sie logisch Einleuchtendes hat, ihr Argument von der Aufzählung auf die Einschränkung, erweist sich als eine oberflächliche Ausdehnung von Satz 2 auf Satz 1. Ihr rechtsstaatliches Motiv bleibt indessen beachtlich. Denn es muß irgendeine Grenze der Befugnis des Reichspräsidenten gefunden werden. Die Frage ist nur, ob die Grenze mit Hilfe einer Scheinargumentation, oder im vollen juristischen Bewußtsein der Besonderheit und Schwierigkeit des Art. 48 Abs. 2 gefunden werden soll. Vom Standpunkt der allgemeinen Staats- und Verfassungslehre aus bedeutet der Artikel allerdings eine Singularität. Es kommt darauf an, ihn in seiner Eigenart richtig zu erkennen. Man muß dabei die Meinungen von Gesetzesredaktoren beachten, nicht ihrer selbst wegen, sondern weil sie die allgemeine Basis einer ungewöhnlichen Bestimmung zeigen, nämlich das die Weimarer Nationalversammlung beherrschende Bewußtsein, in Deutschland vor einer abnormen Situation zu stehen, welche bis auf weiteres, d. h. bis zur näheren reichsgesetzlichen Regelung, neben der in Satz 2 erteilten Befugnis eine ganz ungewöhnliche, in Satz 1 gegebene, allgemeine Befugnis erfordere. Das ist die ratio der in Art. 48 getroffenen Regelung. Im Folgenden soll versucht werden, sie verfassungsrechtlich genauer zu bestimmen und in die allgemeinen rechtsstaatlichen Gedanken einzufügen, welche die geschichtliche Entwicklung des Ausnahmezustandes als eines Rechtsinstituts beherrschen.

II.

Die Regelung des Art. 48 Abs. 2 als ein Provisorium.

In der verfassunggebenden Nationalversammlung war man sich bewußt, dem Reichspräsidenten durch Art. 48 Abs. 2 Satz 1 eine ungewöhnliche, „schrankenlose“ Befugnis, „*plein pouvoir*“ zu geben. Die Bedenken gegen eine solche Machtfülle hielt man einmal durch die in der ministeriellen Gegenzeichnung enthaltene Kontrolle für erledigt; ferner durch den Abs. 3 des Artikels, welcher bestimmt, daß die Maßnahmen dem Reichstag unverzüglich zur Kenntnis zu geben und auf sein Verlangen außer Kraft zu setzen sind. In der so begründeten Verantwortlichkeit vor dem Parlament erblickte man offenbar eine absolute Garantie gegen Mißbrauch. Preuß betonte im Verfassungsausschuß, es sei nicht möglich, daß sich die zivile Gewalt ihrer außerordentlichen Berechtigung und damit ihrer Verantwortlichkeit entkleide, immer bleibe die Reichsregierung dem Reichstag verantwortlich, auch wenn ein Militärbefehlshaber beauftragt sei, die Maßnahmen durchzuführen[1]). Davon, daß im Satz 2 des Art. 48 Abs. 2 eine einfache und wirksame Schranke der Befugnis des Reichspräsidenten enthalten wäre, ist auch in diesem Zusammenhang nicht die Rede. Das wichtigste Mittel, durch welches man den Bedenken gegen die allzuweite Ermächtigung zu entgehen dachte, lag in etwas ganz anderem, nämlich dem baldigst zu erwartenden, das Nähere regelnden Reichsgesetz. Dies Gesetz hielt man anscheinend für so nahe bevorstehend, daß nicht einmal die Besonderheiten ernstlich berücksichtigt wurden, die sich bei einer Auflösung des Reichstags ergeben müßten. Das ganze Jahr 1919 hindurch haben Abgeordnete aller Parteien, v. Delbrück, Graf zu Dohna, Martin Spahn, Haas usw[2]). auf das kommende Reichsgesetz verwiesen. Keiner von ihnen rechnete damit, daß dies Gesetz nach Jahren noch nicht ergangen sein könnte.

---

[1]) Berichte S. 288. Ich glaube nicht, daß diese Aeußerung von Preuß eine Grundlage bietet für die Behauptung Rosenfelds (393. Sitzung des Reichstags vom 23. Nov. 1923, Sten. Ber. S. 12264) daß ein militärischer Ausnahmezustand nach Art. 48 überhaupt unzulässig ist. Vgl. auch Voss. Zeitung vom 31. Okt. 1923, wo das Vorgehen gegen Sachsen für verfassungswidrig erklärt wird: in einer bürgerlichen Republik seien Befehle eines Generals an eine Landesregierung oder Landesvertretung ein Unding.

[2]) v. Delbrück: 46. und 47. Sitzung (Berichte Bd. 327, S. 1304, 1335); Graf zu Dohna eod. S. 1338; Martin Spahn 118. Sitzung vom 25. Nov. 1919, Bd. 331, S. 3742 (hier nimmt er an, daß die früheren Gesetze über den Belagerungszustand bis zum Erlaß des Reichsgesetzes weiter gelten: ausdrücklich verlangt er ein Reichsgesetz in der Sitzung vom 3. März 1920, Bd. 332, S. 4642); Haas, 112. Sitzung vom 29. Oktober 1919 (Bd. 330, S. 3563).

Unterscheidung vom Staatsnotrecht.

Die vollständige, abgeschlossene Regelung liegt also in Art. 48 Abs. 2 noch nicht vor, obwohl er geltendes Recht ist. Die Verfassung ist an diesem Punkt noch offen. Einerseits hat der Reichspräsident mit dem Inkrafttreten der Verfassung die in Abs. 2 genannten außerordentlichen Befugnisse erhalten, andererseits hat die Verfassung hier, wie Graf Dohna es formuliert, eine „Lücke". Der Ausdruck ist überaus treffend. Nur insofern könnte er viellleicht mißverstanden werden, als er eine Verwechslung der außerordentlichen Befugnisse des Reichspräsidenten mit einem Staatsnotrecht herbeizuführen geignet ist. Das Staatsnotrecht beruht darauf, daß außerhalb oder entgegen Verfassungsbestimmungen im extremen, unvorhergesehenen Fall irgendein staatliches Organ, welches die Kraft zum Handeln hat, vorgeht, um die Existenz des Staates zu retten und das nach Lage der Sache Erforderliche zu tun. Ein solches Staatsnotrecht, wie es die Regierungen wohl der meisten Staaten während des Krieges in Anspruch genommen haben, wird häufig damit begründet, daß eine „Lücke" in der Verfassung vorliegen müsse, weil es nur für den gänzlich unvorhergesehenen Fall gelten kann. Die Rechtfertigungen und Begründungen interessieren hier im Einzelnen nicht[1]). Zur Unterscheidung eines Staatsnotrechts von der Regelung des Art. 48 Abs. 2 sei nur hervorgehoben, daß diese Bestimmung schon deshalb kein Staatsnotrecht enthält, weil sie verfassungsmäßig als Zuständigkeit vorgesehen ist. Es wäre denkbar, daß in einem extremen Fall selbständig neben der Befugnis aus Art. 48 ein Staatsnotrecht geltend gemacht würde und je nach Lage der Sache die Reichsregierung für sich allein und nicht der Reichspräsident als Träger dieses Notrechts aufstände, ja, daß es sogar, etwa bei feindlicher Besetzung des größten Teils des Reiches oder angesichts eines Staatsstreiches, um die Verfassung zu retten, gegen einen Reichspräsidenten ausgeübt würde, vielleicht weil dieser sich weigert, den Ausnahmezustand zu verhängen. Alles

[1]) Vgl. Z. Giacometti, Jahrb. d. öff. Rechts, 1922 (XI) S. 340; Manfredi Siotto Pintòr eod. S. 159; Hauriou, Précis de droit constitutionnel, Paris 1923, p. 499 seqq. R. Hoerni, de l'état de nécessité en droit public fédéral suisse, Genf 1917, bestreitet, daß beim Staatsnotrecht eine Lücke vorliege; er gibt dafür folgende Begründung: „l'exercice du droit de nécessité n'a pas besoin d'être mentionné à l'avance par la constitution pour être possible et légitime. Il est justifié par les circonstances elles-mêmes qui donnent naissance à un droit nouveau dont la vigueur prime celui du droit existant ... L'absence de texte précis prévoyant dans la constitution l'éventualité de l'état de nécessité n'offre pas d'inconvénients juridiques. Il n'y a pas de lacune dans la constitution en ce sens qu'une telle disposition ne ferait que confirmer un droit que l'État possède déjà par le simple fait qu'il existe."

das sind unvorhergesehene Fälle, die sich einer rechtlichen Regelung entziehen. Art. 48 Abs. 2 dagegen regelt den Ausnahmezustand als ein verfassungsmäßiges Rechtsinstitut. Dadurch wird eine Verwechslung mit dem Staatsnotrecht ausgeschlossen. Die weitere Frage, ob es möglich werden könnte, unter Berufung auf das Staatsnotrecht die Verfassung selbst zu beseitigen und eine andere Verfassung einzuführen, also eine Art Recht auf den Staatsstreich, braucht hier nicht erörtert zu werden. Es ist in der Staatsrechtslehre gelegentlich proklamiert worden [1]). Aus Art. 48 ergibt sich ein solches Recht auf keinen Fall.

Unterscheidung von der Stellung des souveränen Fürsten.

Ebensowenig erhält der Reichspräsident durch diesen Artikel eine Stellung, welche der des souveränen Fürsten nach dem monarchischen Prinzip ähnlich wäre. Für jedes auf diesem Prinzip beruhende Staatswesen ist es charakteristisch, daß immer, auch wenn eine Verfassung die staatlichen Funktionen und Kompetenzen abgrenzt, doch an einem Punkt wenigstens die Möglichkeit bestehen bleibt, die volle ungeteilte Staatsgewalt wiederauftreten zu lassen. Hier ist neben der ordentlichen, verfassungsmäßig geteilten Gewalt noch eine außerordentliche, durch die verfassungsmäßige Regelung niemals restlos zu erfassende staatliche Gewalt latent vorhanden. Nach dem Ermessen ihres Trägers, der sich dadurch als der Souverän erweist, kann sie zum Schutz der öffentlichen Sicherheit und der Existenz des Staates unvermittelt in der ganzen Fülle ihrer Macht erscheinen und dadurch die ganze Verfassung, außer der Stellung des Monarchen selbst, zu einem Provisorium und Precarium machen [2]). Man mag dies Auftreten noch so sehr auf den Not-

---

[1]) Ein schönes Beispiel: Kaltenborn, Einleitung in das konstitutionelle Verfassungsrecht, Leipzig 1863, I, S. 347: Das formelle Recht hat vernünftigerweise nur dann Anspruch auf Geltung im Leben, wenn es auf dem gesamt-nationalen Geiste beruht; daraus folgt, daß der Landesherr, wenn ihm in Zeiten temporärer Volksleidenschaft eine Verfassung abgerungen ist, diese wieder aufheben kann, wenn ihre weitere Existenz eine Gefahr für den Bestand des Staates bedeutet; die Staatsregierung, als die Trägerin des kontinuierlichen Wesens des Staates, soll sich lieber eines formellen Rechtsbruchs schuldig machen, als aus bloßem Respekt vor dem formellen Recht, Volk und Staat sich auflösen und zugrunde gehen lassen. „Es liegt dann ein Akt der Notwehr und Selbstverteidigung für den Staat und dessen persönlichen Repräsentanten vor und man darf hier von dem sogenannten Staatsnotrechte sprechen." Doch muß die Regierung auch wirklich die Macht zu diesem Staatsstreich haben, sonst führt er das Gegenteil von dem herbei, was man beabsichtigte.

[2]) In typischer Deutlichkeit zeigte sich das bei den Kämpfen um den Art. 14 der charte constitutionnelle vom 4. Juni 1814 („le roi est le chef suprême de l'État, il . . . fait les règlements et ordonnances nécessaires pour l' exécution des lois et la sûreté de l'État"), vgl. Diktatur, S. 193 ff.

fall beschränken, und diesen wieder als den alleräußersten Notfall oder mit ähnlichen Beschwörungen zurückzudrängen suchen, solange die Entscheidung darüber, ob dieser Fall gegegeben ist, in der Hand des Monarchen ruht, ist er wirklich Souverän[1]), und beruht die Staatsgewalt wesentlich auf dem monarchischen Prinzip. Für das Staatsrecht der monarchischen preußischen Verfassung konnte immerhin die Meinung vertreten werden, die Verfassung lasse, wegen des in Art. 63 vorbehaltenen Notverordnungsrechts, die Möglichkeit offen, daß der König im Wege der Verordnung jedes Gesetz, ja die Verfassung selbst ändere, wozu er nur der Gegenzeichnung bedürfe[2]). Daß der Präsident einer Republik niemals in diesem Sinne Souverän sein kann, versteht sich von selbst. Daher kann man auch nicht von einer aus Art. 48 entspringenden außerordentlichen, neben der ordentlichen einherlaufenden Staatsorganisation sprechen[3]). Das wäre in einer Republik eine hybride Verdoppelung der Staatsgewalt. In der souveränen Monarchie ist es das nicht, weil hier der Monarch die plenitudo potestatis trotz der Verfassung wahrt und gerade dadurch die konstituierte Einheit des Staates repräsentiert.

Unterscheidung von der souveränen Diktatur einer Nationalversammlung.

Dem Gefühl für diesen Unterschied eines Monarchen von einem republikanischen Staatshaupt entspringt wohl auch eine Aeußerung in dem Buch des Generals Maercker „Vom Kaiserheer zur Reichswehr“ (S. 376): „Aus dem Gesetz (d. h. Art. 48) läßt es sich nicht begründen, daß die Verfassung eines freien Staates dem obersten Beamten des Reiches Rechte einräumen wollte, die in diesem Umfang nicht einmal der Kaiser und König besaß.“ Auch der Abgeordnete Dr. Cohn hatte in der Nationalversammlung bemerkt, daß die Regelung des Art. 48 Abs. 2 noch vor das preußische Gesetz von 1851 zurückgehe, weil dieses Gesetz mehr Rechtsgarantien biete als Art. 48 Abs. 2 in der vorgeschlagenen (und angenommenen) Form. Derartige Vergleichungen übersehen, daß auch in einer Demokratie, und besonders in ihr, außerordentliche Vollmachten möglich sind. Gerade Demokraten haben die weitgehenden Befugnisse des

---

[1]) Ueber den Zusammenhang der Entscheidung über die Frage, ob der extreme, die Existenz des Staates von seiner rechtlichen Ordnung trennende Notfall gegeben ist, mit dem Begriff der Souveränität vgl. meine Politische Theologie, München und Leipzig 1922, S. 11.

[2]) Der allgemeine juristische Charakter der preußischen Verfassung, in Aegidi's Zeitschrift f. deutsches Staatsrecht und deutsche Verfassungsgeschichte, Berlin 1867, S. 192.

[3]) Wie das die Konstruktion von R. Grau, a. a. O. S. 105 versucht.

Art. 48 als etwas Demokratisches aufgefaßt. In der Nationalversammlung vertraten die Abgeordneten Preuß und Haas diesen Standpunkt. Ausdrücklich nahm ihn der Reichsjustizminister Schiffer ein in der mehrfach erwähnten Rede vom 3. März 1920, und zwar mit der Begründung, daß in der Demokratie grundsätzlich Uebereinstimmung zwischen der leitenden Mehrheit des Parlaments und der Regierung herrsche und diese alle Machtmittel in die Hände bekommen müsse, welche sie für nötig halte. Der Demokrat Petersen sagte in derselben Sitzung: „Es gibt keine Staatsform, der Machtmittel zu gewähren so unbedenklich ist, wie die der Demokratie, weil sie auf dem gleichen Recht aller Staatsbürger beruht.“ Aus demokratischem Denken entstand auch die Vorstellung einer dem Volk zustehenden konstituierenden Gewalt, eines *pouvoir constituant*, der die Quelle aller verfassungsmäßig konstituierten und damit umgrenzten Gewalten und doch von ihr verschieden, unbeschränkt und unbeschränkbar ist. Auf solchen, wesentlich demokratischen Gedankengängen beruht die Möglichkeit einer rechtlich schrankenlosen Macht, wie sie nach einer Revolution einer verfassunggebenden Versammlung zustehen kann. Solange eine solche Versammlung ihr Werk, die Verfassung, noch nicht vollendet hat, besitzt sie jede denkbare Befugnis. In ihrer Hand ist die ganze Staatsgewalt vereinigt und kann unmittelbar in jeder beliebigen Form auftreten. Eine erschöpfende Normierung und Aufteilung der staatlichen Zuständigkeiten und Funktionen ist noch nicht vorhanden; die konstituierende Gewalt des Volkes hat sich noch nicht an konstituierte Schranken gebunden, und die verfassunggebende Versammlung kann daher die plenitudo potestatis nach ihrem Ermessen geltend machen. Ich habe hierfür die Bezeichnung souveräne Diktatur vorgeschlagen[1]), weil hier einerseits eine schrankenlose, ganz im Ermessen der ermächtigten Stelle liegende rechtliche Macht vorliegt, insofern also das Wort *souverän* gebraucht werden kann, andrerseits aber die verfassunggebende Versammlung nur beauftragt ist, wie ein Diktator. Sie ist nicht Souverän wie der Monarch in einer absoluten oder in einer auf dem monarchischen Prinzip beruhenden Monarchie. Hier kommt der Gegensatz von konstituierender Gewalt und konstituierten Gewalten höchstens insofern in Betracht, als der Monarch, in bewußtem Gegensatz zum demokratischen Prinzip, für sich die konstituierende Gewalt in Anspruch nimmt, wie das z. B. in Frankreich unter Karl X. geschah. Der Monarch ist dann Souverän, nicht Diktator. Die

---

[1]) Die Diktatur, S. 130ff.; vgl. ferner die ausgezeichneten Ausführungen bei Erich Kaufmann, Staatsgerichtshof und Untersuchungsausschuß, Berlin 1920.

rechtliche Machtfülle einer verfassunggebenden Versammlung beruht darauf, daß sie den pouvoir constituant ausübt, und die Allmacht dauert infolgedessen nur so lange, als nicht durch Inkrafttreten der Verfassung die Konstituierung der Gewalten erfolgt ist. In dem Augenblick, in welchem die Versammlung ihr Werk vollendet hat und die Verfassung geltendes Recht wird, endet jene souveräne Diktatur, hört überhaupt rechtsstaatlich die Möglichkeit einer souveränen Diktatur auf. Mit einer rechtsstaatlichen Verfassung ist eine souveräne Diktatur eben unvereinbar. Eine republikanische Verfassung, welche sie vorbehalten wollte, wäre als Ganzes ein Provisorium und Precarium in der Hand des souveränen Diktators, der kraft seiner außerordentlichen Staatsgewalt neben den verfassungsmäßigen immer neue Organisationen improvisieren könnte. Trotz aller Wendungen wie schrankenlose Gewalt und plein pouvoir, die für die Befugnisse des Reichspräsidenten aus Art. 48 Abs. 2 gebraucht worden sind, wäre es doch unmöglich, daß er auf Grund dieser Verfassungsbestimmung, wenn auch nur in Verbindung mit der gegenzeichnenden Reichsregierung, eine souveräne Diktatur ausübt. Entweder souveräne Diktatur oder Verfassung; das eine schließt das andere aus.

Die typische rechtsstaatliche Regelung des Ausnahmezustandes.

Die rechtsstaatliche Entwicklung erfaßt nun die kommissarische (im Gegensatz zur souveränen) Diktatur in der Weise, daß sowohl Vorraussetzung wie Inhalt der diktatorischen Befugnisse tatbestandsmäßig umschrieben und aufgezählt werden. Es ist ein Kriterium des Rechtsstaates, alle staatlichen Funktionen in Zuständigkeiten abzugrenzen und die staatliche Allmacht in einem System von Kompetenzen zu regulieren, sodaß niemals an irgendeinem Punkt die Fülle der Staatsgewalt hemmungslos in unvermittelter Konzentration auftreten kann. Grundlage dieser Abgrenzung aller staatlichen Funktionen und Zuständigkeiten ist die Verfassung. Nach der alten Definition liegt ihr Wesen in der Teilung der Gewalten. Das entspricht dem Gedanken des Rechtsstaates. Für den Ausnahmefall müssen allerdings immer Vorbehalte gemacht werden. Die Diktatur ist immer etwas Abnormes, weil bei ihr die rechtsstaatliche Umgrenzung der Befugnisse abhängig bleibt von der Lage der Sache, d. h. vom Ermessen des Ermächtigten, und zwar in unberechenbarem Umfang, weil sich hier nicht, wie sonst aus der normalen Situation, von selbst eine vernünftige Abgrenzung im Lauf der Zeit ergibt. Eine Kompetenz in dem Sinne, daß tatbestandsmäßig genau durch ein vorhergehendes Gesetz die Befugnis umschrieben wäre, liegt daher nicht vor. Aber es gehört zum konsequent rechtsstaatlichen Denken und wird durch die geschichtliche Entwicklung des 19. Jahrhunderts bestätigt, daß für diesen Fall eben besondere Arten von Abgrenzungen gesucht und gefunden werden. So vermeidet man es, allgemein von Gefährdung oder erheblicher Gefährdung der öffentlichen Sicherheit und Ordnung zu sprechen und gibt als genauere Tatbestände etwa Aufruhr oder Krieg an, um die Vorraussetzung der außerordentlichen Befugnis einzuschränken. Oft erschwert man die Voraussetzung ferner dadurch, daß die Erklärung des Ausnahmezustandes an die Form eines Gesetzes gebunden wird. Man beschränkt die Zeitdauer der Maßnahmen, oder läßt den ganzen Zustand auf Verlangen der Volksvertretung wieder aufheben. Vor allem aber bringt es die rechtsstaatliche Entwicklung mit sich, daß die zulässigen Massnahmen genauer aufgezählt werden. So bildete sich im Lauf des 19. Jahrhunderts eine typische Gestaltung des Kriegs-, Belagerungs- oder Ausnahmezustandes, der den Charakter eines wirklichen Rechtsinstituts gewann. An die Stelle einer allgemeinen grenzenlosen Ermächtigung zu allen nach Lage der Sache für nötig erachteten Maßnahmen trat eine Aufzählung: Uebergang der vollziehenden Gewalt (d. h. Konzentration der bestehenden Zuständigkeiten, ohne daß diese selbst erweitert wurden), Möglichkeit der Suspension gewisser Verfassungsbestimmungen (d. h. inhaltliche Erweiterung der Zuständigkeiten), Rechtsverordnungsrecht, Strafschärfungen und Zulässigkeit außerordentlicher Gerichte (Stand- und Kriegsgerichte). Seit der französischen Revolution entsteht auf solche Weise der Belagerungszustand als rechtlich organisierte Einrichtung, und die kommissarische Diktatur wird in die rechtsstaatliche Entwicklung einbezogen.[1])

Die Eigenart der Regelung des Art. 48 Abs. 2.

Sich dieser Entwicklung anzupassen, und zwar durch eine Umschreibung der zulässigen Befugnisse, der Voraussetzungen wie der Wirkungen des Ausnahmezustandes, war die Absicht, die man mit dem Hinweis auf das nach Abs. 5 zu erlassende Reichsgesetz verfolgte. Darum sprach Graf Dohna von der bis zum Erlaß dieses Gesetzes bestehenden „Lücke" und verlangte, daß in dem Gesetz insbesondere die Zulässigkeit von außerordentlichen Gerichten in ähnlicher Weise geregelt werde, wie im früheren Kriegs- und Belagerungszustandsgesetz. Die in Abs. 5 vorgesehene nähere Regelung soll also nicht Nebensächlichkeiten und Beiläufigkeiten betreffen, sondern muß notwendig die bis dahin bestehende allgemeine Befugnis aus

[1]) Ueber die Einzelheiten dieser Entwicklung vgl. mein Buch über die Diktatur, S. 178 ff.

Abs. 2 Satz 1 einschränken. Die nähere Regelung wird, rechtsstaatlich gesprochen, die eigentliche Regelung sein. Bis dahin allerdings besteht ein Provisorium. Die mehrfach mitgeteilten Aeußerungen aus der Entstehungsgeschichte, namentlich von Delbrück's und des Grafen Dohna, heben das auch hervor und unterscheiden den „bis dahin", d. h. vom Inkrafttreten der Verfassung bis zur näheren Regelung, bestehenden von dem durch diese Regelung zu schaffenden Rechtszustand. Dies „bis dahin" ist der Kern ihrer Erklärungen.[1]) Die Eigenart der zwischenzeitlich geltenden Befugnis aus Art. 48 Abs. 2 Satz 1 liegt darin, daß einerseits die souveräne Diktatur der verfassunggebenden Versammlung mit dem Inkrafttreten der Verfassung aufhört, andrerseits eine der typischen rechtsstaatlichen Entwicklung entsprechende Umgrenzung der kommissarischen Diktatur noch nicht erfolgte, weil man sich, angesichts der abnormen Lage des Deutschen Reiches, einen weiteren Spielraum sichern wollte. Es wäre unrichtig, aus dem Vorbehalt der näheren Regelung in Abs. 5 zu schließen, daß Art. 48 Ab. 2 überhaupt noch nicht geltendes Recht geworden sei; ebenso unrichtig wäre es, diesen Vorbehalt zu ignorieren und den Abs. 2 zu behandeln wie eine abgeschlossene und definitive Regelung. Bis zu dieser Regelung besteht eine besondere Rechtslage, die Graf Dohna in der Sitzung vom 5. Juli 1919 trotz der durch Reichsregierung und Reichstag ausgeübten Kontrolle auf die Dauer „doch bedenklich" fand, die aber jedenfalls zunächst einmal besteht. Die Diktatur des Reichspräsidenten — man darf seine außerordentlichen Befugnisse so nennen — ist infolge des bloßen Umstandes, daß die Verfassung in Kraft trat, notwendig eine kommissarische. Aber sie ist absichtlich weit gelassen und in der Sache, nicht in ihrer rechtlichen Begründung, wirkt sie wie das Residuum einer souveränen Diktatur der Nationalversammlung.

Folgen einer Hinauszögerung der in Abs. 5 vorgesehenen, näheren Regelung.

Man kann sagen, daß erst die reichsgesetzliche Regelung des Abs. 5 die Verfassung organisatorisch abschließt. Eine weitere Frage wäre, ob eine staatsrechtliche Verpflichtung zum Erlaß dieses Gesetzes besteht. Aehnlich wie im Völkerrecht eine Regierung zur Einbringung einer Gesetzesvorlage und zur

[1]) Vgl. ferner noch als besonders deutlich die Aeußerungen des Abgeordneten Haas in der 112. Sitzung der Nationalversammlung vom 29. Oktober 1919 (Sten.-Ber. Bd. 330 S. 3563). Treffend RGStr. 57 S. 190: „Da . . . . die Bestimmungen des Art. 48 Abs. 2—5 nicht etwa nur einen Programmsatz enthalten, sondern unmittelbar Recht schaffen und selbst dem Reichspräsidenten sowie den Landesregierungen die umfassendsten Befugnisse verleihen, so besteht die Aufgabe des vorbehaltenen Reichsgesetzes nicht darin, die im Art. 48 erwähnten Befugnisse erst zu be-

Herbeiführung eines Gesetzes verpflichtet sein kann, wäre auch innerstaatlich eine entsprechende öffentlich-rechtliche Pflicht denkbar. Das bewußte Verschleppen eines Gesetzes kann verfassungswidrig sein und könnte eine Anklage vor dem Staatsgerichtshof nach Art. 59 R.V. zur Folge haben. Doch wird die Reichsregierung sich stets darauf berufen können, daß der Reichstag entweder eine ernstliche Aufforderung zur Einbringung einer solchen Gesetzesvorlage ergehen lassen oder von seinem Initiativrecht Gebrauch machen soll. Unterläßt er beides, so liegt einer der vielen Fälle vor, die sich in der Praxis des heutigen Parlamentarismus öfters ergeben, wenn das nicht aktionsfähige Parlament ein bestimmtes Vorgehen der Regierung stillschweigend ermöglicht, um nicht selbst zu einer Entscheidung gezwungen zu sein. In der Sache handelt es sich dabei um Ermächtigungen. Der Zustand der heutigen Parlamente entwickelt neben den zahlreichen offenen Ermächtigungen ein ganzes System verschleierter Delegationen. Wenn etwa der preußische Landtag sich vertagt, damit die Regierung während der Vertagung die Möglichkeit wahrnimmt, eine Notverordnung nach Art. 55 Pr.V. zu erlassen, so ist das ein besonders deutliches Beispiel für den Wandel, der in der ratio staatsrechtlicher Formen und Einrichtungen eintreten kann. Aehnlich wirkt es, wenn die Herbeiführung des in Art. 48 Abs. 5 vorgesehenen Reichsgesetzes vom Reichstag absichtlich unterlassen wird, damit Reichspräsident und Reichsregierung ungehindert Verordnungen erlassen und Maßnahmen treffen können, die der Reichstag selbst weder erlassen noch nach Art. 48 Abs. 3 außer Kraft setzen möchte. Es besteht die Gefahr, daß alle verfassungsmäßigen Einrichtungen und Kontrollen ihren Sinn verlieren und die Verfassung sich bei solcher Praxis auflöst. Darauf näher einzugehen, würde den Rahmen dieses Referates überschreiten. Hier genügt die Feststellung: bei unabsehbarer Hinauszögerung des in Abs. 5 vorgesehenen Reichsgesetzes könnte die Regelung des Art. 48 Abs. 2 ihren Charakter ändern, weil eine rechtsstaatliche, republikanische Verfassung nicht an einem wesentlichen Punkte ein Provisorium für unabsehbare Zeit offen lassen kann. Doch reicht die bis jetzt, 1924, abgelaufene Zeit wohl noch nicht aus, um diese Mutation eintreten zu lassen. Vorläufig wird man noch nicht sagen können, daß die in Abs. 5 vorgesehene nähere Regelung dauernd auf unabsehbare Zeit verschoben ist.

---

gründen, oder neben ihnen neue zu schaffen, sondern die verliehene, bis zum Erlaß des Reichsgesetzes nahezu unbeschränkte diktatorische Gewalt zu beschränken und zu umgrenzen." Richtig auch F. Halle, a. a. O. S. 38/39; unrichtig Grau a. a. O. S. 110.

III.

Allgemeine Grenzen der Befugnis aus Art. 48 Abs. 2.

Es war notwendig, das eigenartige Provisorium des Art. 48 Abs. 2 verfassungsrechtlich von andern weitgehenden Befugnissen und staatsrechtlichen Möglichkeiten zu unterscheiden. Dadurch wurde klar, daß hier im Rahmen einer rechtsstaatlichen, republikanisch-demokratischen Verfassung eine außerordentlich weitgehende Befugnis offen gelassen ist, die aber trotzdem auf dieser Verfassung selbst beruht und sie voraussetzt. Es mag politisch möglich sein, den Art. 48 zur Beseitigung der Weimarer Verfassung zu benutzen, so wie 1851 in Frankreich die Stellung des Staatspräsidenten benutzt wurde, um durch einen Staatsstreich eine andere Verfassung einzuführen. Aber auf verfassungsmäßigem Wege nach Art. 48 das Deutsche Reich aus einer Republik in eine Monarchie zu verwandeln, ist unmöglich. Die Befugnis des Reichspräsidenten beruht auf einer Verfassungsbestimmung. Mit Hilfe einer solchen Befugnis auf einem anderen als dem in der Verfassung geregelten Weg der Verfassungsänderung, also anders als nach Art. 76, die Verfassung zu ändern, wäre verfassungswidrig. Damit sind keineswegs Maßnahmen des Reichspräsidenten ausgeschlossen, welche in einzelne Verfassungsbestimmungen eingreifen und dadurch Ausnahmen schaffen, ohne die Verfassung aufzuheben. Solche (von E. Jacobi so bezeichneten) Durchbrechungen einzelner Verfassungsartikel sind keine Aenderungen der Verfassung, setzen sie nicht außer Kraft und heben sie nicht auf. Sie sind das typische Mittel der Diktatur: durch eine Ausnahme von Verfassungsbestimmungen die Verfassung selbst als Ganzes zu retten.

a) Die Verfassung als Voraussetzung der öffentlichen Sicherheit und Ordnung.

Die Verfassung bleibt als Ganzes nicht nur der Zweck aller Maßnahmen des Art. 48. Sie ist auch als Grundlage seiner Voraussetzungen maßgebend. Sie bestimmt die fundamentale Organisation eines Staates und entscheidet darüber, was Ordnung ist. Nicht jede Verfassungsbestimmung hat dabei die gleiche faktische Bedeutung und es war, politisch gesprochen, ein gefährlicher Mißbrauch, die Verfassung zu benutzen, um alle möglichen Herzensangelegenheiten als Grundrechte und Quasi-Grundrechte in sie hinein zu schreiben. Wesentlich ist jeder Verfassung die Organisation. Dadurch wird die Einheit des Staates als einer Ordnung geschaffen. Die Verfassung besagt, was normale Ordnung im Staate ist. Ihre Aufgabe und ihr Wert bestehen darin, den Streit über das, was öffentliches

Interesse, öffentliche Sicherheit und Ordnung ist (welche Frage von den verschiedenen Interessen und Parteien sehr verschieden beantwortet wird, so daß es den Staat auflösen müßte, wenn jeder selbst darüber entscheidet), grundlegend zu entscheiden. Der Begriff der öffentlichen Sicherheit und Ordnung ist nicht nur polizeirechtlich von Interesse, er ist auch eine Kategorie des Verfassungsrechts. Es wäre politisch naiv und juristisch falsch, hier einen idyllischen und vormärzlichen Begriff von Ruhe und Sicherheit zu gebrauchen und zu versuchen, mit verwaltungsrechtlichen Vorstellungen, wie sie das Polizeirecht im Interesse einer rechtsstaatlichen Beschränkung der Polizei herausgebildet hat, eine den ganzen Staat umfassende Diktatur zu meistern[1]). Was der Staat als Ganzes ist, entscheidet eben die Verfassung im Hinblick auf eine als normal vorausgesetzte Sachlage. In Art. 48 Abs. 2 ist eine abnorme Situation vorausgesetzt und daher eine außergewöhnliche Befugnis erteilt, um die Herstellung der normalen Situation zu ermöglichen. Aber Art. 48 ist nur Bestandteil einer in Kraft getretenen Verfassung. Was normal ist, ebenso die Entscheidung darüber, was öffentliche Sicherheit und Ordnung ist, kann daher nach Art. 48 nicht unter Ignorierung der Verfassung getroffen werden. Ebensowenig kann eine verfassungsmäßige Einrichtung als solche die öffentliche Sicherheit und Ordnung gefährden und mit der Begründung, daß dies zur Wiederherstellung der öffentlichen Sicherheit und Ordnung nötig sei, nach Art. 48 beseitigt werden. In der Form, wie die Zeitungsberichte eine Aeußerung von Kahrs aus seiner Vernehmung vor dem Münchener Volksgericht vom 11. März 1924 brachten: nach Art. 48 könne ein

---

[1]) Nur mit einem Wort sei darauf hingewiesen, daß die von der Verwaltungsrechtslehre und -praxis entwickelten Grundsätze polizeilichen Vorgehens für die Diktatur nicht maßgebend sind. Das gilt z. B. namentlich für den Grundsatz, daß die Aktion sich zunächst nur gegen den Störer richten darf, oder für die Gesichtspunkte des polizei-rechtlichen Notstandes, den Grundsatz der Verhältnismäßigkeit (wenn er mehr sein soll als eine Banalität), die Unterscheidung von individueller und genereller Gefahr usw. Es ist ein Unterschied, ob es sich um die Voraussetzung für ein übersehbares Verfahren handelt (wie im Falle polizeilichen Vorgehens nach § 10 II 17 ALR) oder um die Voraussetzungen eines Verfahrens, bei welchem alles geschehen kann, was nach Lage der Sache erforderlich ist. Daß dieser prinzipielle Unterschied polizeilicher und diktatorischer Befugnisse verkannt ist, gibt den Ausführungen des Buches von Grau ihre eigenartige Enge. — Nur als Kuriosum mag ein Aufsatz aus der Köln. Ztg. vom 23. Febr. 1924 erwähnt werden, wo ein Jurist die Verordnung vom 8. Dez. 1923 zur Abänderung des Okkupationsleistungsgesetzes für nichtig erklärt, weil die Betroffenen nicht die Störer seien. Bei „weitestgehender, höchst bedenklicher Auslegung des Art. 48 der R.V., die allerdings weder im Wortlaut noch in der Geschichte eine Stütze findet“, dürfe der Reichspräsident vielleicht auch „die Pflichten der Staatsbürger, die nicht stören“, erhöhen, aber auch das gelte hier nicht usw.

Direktorium gebildet werden und es sei „wohl möglich“, auf Grund dieses Artikels die ganze Reichsverfassung außer Kraft zu setzen („das wird wohl möglich sein, das ist eine reine Rechtsfrage“) ist die Auffassung rechtsirrig. Nur die aufgezählten sieben Grundrechte des Satz 2 können außer Kraft gesetzt werden. Weder andere Verfassungsbestimmungen noch die Verfassung als Ganzes lassen sich verfassungsmäßig mit Hilfe dieses Artikels beseitigen[1]). Neben andern, im Folgenden zu entwickelnden Gründen namentlich deshalb nicht, weil der fundamentale Begriff des Art. 48, öffentliche Sicherheit und Ordnung, sich immer nur im Hinblick auf die Verfassung selbst bestimmen läßt. Daß das Deutsche Reich eine Republik ist, kann also im Sinne von Art. 48 niemals eine Gefährdung der öffentlichen Sicherheit und Ordnung bedeuten. Etwas anderes ist es, ob zur Beseitigung einer der Verfassung drohenden Gefahr ein Verfassungsartikel durchbrochen, oder ob ein verfassungswidriger Mißbrauch verfassungsmäßiger Institutionen verhindert werden kann. Hier läßt der Artikel allerdings einen außerordentlich weiten Spielraum für selbständige Entscheidungen über das, was wirklich verfassungsmäßig ist. Zunächst aber kommt es hier darauf an, die erste allgemeine Schranke der Befugnis aus Art. 48 festzustellen. Sie beruht darauf, daß verfassungsmäßige Einrichtungen als solche und die Verfassung als Ganzes niemals eine Gefährdung im Sinne einer Verfassungsbestimmung bedeuten können.

b) Das in Art. 48 enthaltene unantastbare organisatorische Minimum.

Für alle nach Art. 48 Abs. 2 Satz 1 zu treffenden Maßnahmen, auch solche tatsächlicher Art, besteht eine weitere absolute Grenze, welche dadurch bestimmt wird, daß Art. 48 in sich ein Minimum von Organisation enthält, welches infolgedessen in seinem Bestand und seinem Funktionieren nicht behindert werden darf. Der Artikel begründet zunächst eine Zuständigkeit und zwar die des Reichspräsidenten. Was das Wort Reichspräsident bedeutet, ergibt sich wiederum nur aus der Verfassung selbst. Zuständig für die nach Art. 48 möglichen Maßnahmen ist rechtmäßigerweise nur der verfassungsmäßige Reichspräsident, nicht etwa eine durch Art. 48 selbst zu einer der Präsidentenstellung entsprechenden Position gelangte Persönlichkeit. Der Reichspräsident könnte auch nicht

[1]) Beyerle in der 407. Reichstagssitzung vom 7. März 1924 (Berichte S. 12676): „Vor einigen Monaten, als alles auf die Diktatur losging, hat man sich einige Zeit ernsthaft mit der Idee getragen, daß der Reichspräsident einfach als Maßregel des Ausnahmezustandes über Art. 48 der R.V. eine ganz neue Verfassung geben könne. Das wird von staatsrechtlicher Seite mit Recht zurückgewiesen.“

auf Grund dieses Artikels seine eigene Amtsdauer verlängern oder sonstwie einen tatsächlichen Zustand zu schaffen versuchen, der das verfassungsmäßige Institut des Reichspräsidenten tatsächlich ändert. Darin liegt der erste grundlegende und unaufhebbare Zusammenhang mit der geltenden Verfassung. — Die Maßnahmen aus Art. 48 bedürfen ferner nach Art. 50 R.V. der Gegenzeichnung eines Reichsministers. Ein von dieser Gegenzeichnung und damit der Kontrolle der Reichsregierung unabhängiger Präsident wäre nicht mehr Reichspräsident im Sinne der Verfassung. Auch die Reichsregierung muß also unter allen Umständen bestehen bleiben und zwar in ihrer verfassungsmäßigen Gestalt, d. h. als eine Regierung, welche nach Art. 54 R.V. zu ihrer Amtsführung des Vertrauens des Reichstags bedarf. Maßnahmen des Reichspräsidenten, die nach Art. 48 Abs. 2 eine Landesregierung suspendieren, Landesministern die Ausübung ihrer Amtstätigkeit verbieten und andere Personen mit der Geschäftsführung betrauen, also Maßnahmen wie sie gegen Thüringen (Verordnung vom 22. März 1920 und vom 10. April 1922) und gegen Sachsen (Verordnung vom 29. Okt. 1923) getroffen wurden, sind nach Art. 48 Abs. 2 zulässig. Die gleichen Maßnahmen wären gegenüber der Reichsregierung unzulässig, weil die Reichsregierung ein Bestandteil jenes in der Regelung des Ausnahmezustandes durch Art. 48 selbst vorausgesetzten organisatorischen Minimums ist, das auch im Wege tatsächlicher Maßnahmen nicht beseitigt oder behindert werden darf. Daß Reichskanzler und Minister nach Art. 53 R.V. vom Reichspräsidenten ernannt und entlassen werden, kann den politischen Einfluß des Reichspräsidenten in Verbindung mit Art. 48 ins Ungemessene steigern, wenn der Reichstag nicht versammelt ist oder wenn ausdrückliche Mißtrauensbeschlüsse infolge wechselnder Koalitionen erschwert sind. Indessen ändert dies nichts daran, daß verfassungsmäßig die Kontrolle einer vom Vertrauen des Reichstags getragenen Regierung bestehen bleiben muß. — Zu dem unantastbaren Organisationsminimum des Art. 48 gehört endlich neben Reichspräsident und Reichsregierung der Reichstag und zwar ebenfalls so, wie er als verfassungsmäßiges Institut nach der Verfassung von 1919 besteht. Auch hier kann die politische Macht des Reichspräsidenten sehr groß werden, wenn sich die politischen Möglichkeiten des Art. 48 mit anderen verfassungsmäßigen Möglichkeiten verbinden. Das ist in einer für einen republikanischen Staatspräsidenten ganz ungewöhnlichen Weise der Fall, sobald der Reichstag nach Art. 25 R.V. aufgelöst ist. (Denn der nach Art. 35 Abs. 2 zur Wahrung der Rechte der Volksvertretung bestellte sog. Ueberwachungsausschuß kann weder ein Mißtrauensvotum nach Art. 54 beschließen, noch

Außerkraftsetzung von Maßnahmen nach Art. 48 Abs. 3 verlangen.) Aber der Reichspräsident dürfte nicht unter Berufung auf Art. 48 verhindern, daß der neue Reichstag in der verfassungsmäßigen Frist gewählt wird und sich versammelt. Er darf die in Art. 25 Abs. 2 für Neuwahlen festgesetzte Frist von 60 Tagen nicht aufheben oder verlängern, er darf nicht im Verordnungswege in das verfassungsmäßige Wahlrecht eingreifen und seine Ausübung nicht durch Maßnahmen verhindern oder die in Art. 125 R.V. garantierte Wahlfreiheit beseitigen. Wohl aber darf er Maßnahmen treffen, welche nach seinem Ermessen die Wahlfreiheit sichern, und er entscheidet nötigenfalls darüber, worin im konkreten Fall die Wahlfreiheit besteht. Er darf nicht (vielleicht unter Berufung auf die Erfordernisse einer Stabilhaltung der Währung als Sparmaßnahme) die Zahl der Abgeordneten auf Grund Art. 48 Abs. 2 herabsetzen, und es wäre nicht einmal zulässig, mit Hilfe dieses beliebten Arguments den Reichstagsabgeordneten das verfassungsmäßige Recht der freien Fahrt auf allen deutschen Eisenbahnen und auf Entschädigung zu nehmen. Auch die Immunitäten der Reichstagsabgeordneten (nicht der Landtagsabgeordneten) sind vor Maßnahmen aus Art. 48 geschützt. Allerdings nur in dem engsten Rahmen der Art. 36—38 R.V. Versammlungen zur Berichterstattung vor den Wählern würden nicht darunter fallen[1]), erst recht nicht Parteiorganisationen und Parteiversammlungen im allgemeinen. Sollte sich der äußerste Fall ereignen, daß Wahlen überhaupt unmöglich sind oder der Reichstag tatsächlich nicht mehr zusammentreten könnte, etwa weil der größte Teil des deutschen Gebietes vom Feinde besetzt wäre oder aus ähnlichen extremen Gründen, so würde Staatsnotrecht in Frage kommen, nicht aber die verfassungsmäßige Befugnis aus Art. 48.

c) Beschränkung auf Maßnahmen und Begriff der Maßnahme.

Eine letzte Schranke läßt sich für die Befugnis des Reichspräsidenten dadurch aus dem Art. 48 selbst entnehmen, daß

---

[1]) Vgl. den auf Grund des Antrags Koenen gefaßten Beschluß des Reichstags vom 7. Juli 1923 (Drucksache Nr. 6100): Von den Ländern getroffene Verfügungen auf Grund von Ausnahmeverordnungen finden auf Abgeordnete keine Anwendung. Während der Vertagung des Reichstags sollen Abgeordnete durch keine Polizeimaßnahmen in der Ausübung ihres Mandats gehindert werden, wobei Berichterstattung vor den Wählern zur Ausübung des Mandats gehören soll. Im übrigen bittet der Reichstag unter Hinweis auf das Wesen eines parlamentarischen Staates, die Abgeordneten in der Ausübung ihres Mandates (einschließlich der Abhaltung von Wahlversammlungen für Berichterstattung) nicht durch Polizeimaßnahmen zu behindern.

der Reichspräsident nur Maßnahmen treffen kann. Das Wort Maßnahmen ist vielleicht nicht unabsichtlich gewählt, nachdem der Entwurf Preuß (§ 63) und der erste Regierungsentwurf noch von „Anordnungen" gesprochen hatte. In der 147. Sitzung der Nationalversammlung vom 3. März 1920 (Bd. 332, S. 4642) hatte der Abgeordnete Dr. Cohn erklärt: „Zunächst — und ich rufe hier das Zeugnis aller Mitglieder des Verfassungsausschusses an — hat, als wir die Verfassung berieten, niemand von uns auch nur entfernt mit der Möglichkeit gerechnet, daß die Maßnahmen im Sinne des Art. 48, die der Reichspräsident zur Wiederherstellung der öffentlichen Sicherheit und Ordnung treffen dürfte, etwas anderes seien als äußerliche Anordnungen zur Wiederherstellung eines gestörten Sicherheits- und Ruhestandes. Ganz klar tritt das hervor, wenn man bedenkt, daß lediglich durch einen Nebensatz, durch ein Komma, von dem Hauptsatz getrennt die Bestimmung eingeführt wird: erforderlichenfalls mit Hilfe der bewaffneten Macht einzuschreiten. Es stand uns allen — und das ist auch in aller Geschichte des Belagerungszustandes niemals anders gewesen — lediglich der Fall vor Augen, daß die jeweiligen Sicherheitsorgane des Staates nicht ausreichen könnten, die Ordnung wiederherzustellen und dazu besondere Maßnahmen, insbesondere die Aufbietung der Reichswehrtruppen nach Meinung des Reichspräsidenten nötig werden könnten." Dieser für die Entstehungsgeschichte des Art. 48 Abs. 2 sehr wichtigen Aeußerung liegt eine alte rechtsstaatliche Vorstellung zugrunde, daß nämlich die unmittelbare Aktion, das *vi armata procedere* und jedes bloß faktische Vorgehen, getrennt werden muß von einem normalen, formalisierten Rechtsverfahren. In derselben Sitzung der Nationalversammlung hat der Reichsjustizminister Schiffer dem Abgeordneten Dr. Cohn erwidert, daß eine Einschränkung hinsichtlich der Maßnahmen nicht vorgesehen sei und infolgedessen Maßnahmen aller Art, der Gesetzgebung, der Verwaltung wie auch rein tatsächliche Maßnahmen und Vorkehrungen zulässig wären und daß der Abgerordnete Dr. Cohn selbst zugestanden habe, der Reichspräsident könne gegen bestehende Gesetze Maßnahmen treffen. Doch hatte Dr. Cohn immer nur von Maßnahmen gesprochen und die hierfür gebrauchten Beispiele — Beschießung von Städten, Belegung mit giftigen Gasen usw. — sind besonders typische und krasse Fälle des *vi armata procedere* im Gegensatz zu rechtsförmigen Handlungen. Leider hält sich die Replik, die der Abgeordnete dem Reichsjustizminister in jener Sitzung gab, nicht bei der eigentlichen Frage und betont nur, daß er die weitgehenden Befugnisse des Reichspräsidenten nicht für nötig erachte, was hier nicht weiter interessiert.

Für das rechtliche Denken bleibt aber bestehen, daß nicht jeder rechtlich bedeutsame Akt eine Maßnahme ist. Bezeichnenderweise spricht der Reichsjustizminister in seiner Darlegung wohl von Maßnahmen der Gesetzgebung und der Verwaltung, nicht aber von der Justiz. Hier, auf dem Gebiet der Rechtspflege, tritt nämlich der begriffliche Unterschied, den alles rechtsstaatliche Denken machen muß, klar hervor. Ein in geregeltem Verfahren entstandenes, formgerechtes richterliches Urteil wird kein Jurist eine Maßnahme nennen. Es steht wesentlich in einem Gegensatz zur Maßnahme. Zu dieser gehört, daß das Vorgehen in seinem Inhalt durch eine konkret gegebene Sachlage bestimmt und ganz von einem sachlichen Zweck beherrscht ist, so daß es nach Lage der Sache von Fall zu Fall verschiedenen Inhalt und keine eigentliche Rechtsform hat. Sein Maß ist nicht eine im voraus bestimmte generelle Entscheidungsnorm, wie das beim richterlichen Urteil der Fall ist und wie es überhaupt die Gerechtigkeit des Urteils ausmacht. Auch die Unabhängigkeit des Richters beruht darauf, daß er an der Hand einer richtigen Norm, nicht nach einem konkreten Befehl oder im Dienst eines politischen Zweckes urteilt. Unabhängigkeit von solchen konkreten Befehlen und Abhängigkeit von vorausbestimmten Normen sind Korrelate. Dieser Grundgedanke richterlicher Tätigkeit wird getrübt, wenn der Richter als ein Mittel konkreter, praktisch-politischer Zwecke benutzt wird, wenn ein Tribunal nicht nach gerechten, im voraus gegebenen Normen, sondern so entscheiden soll, wie es zur Erreichung des politischen Zweckes im gegebenen Fall das wirksamste Mittel ist. Das richterliche Urteil soll eben gerecht, von der Rechtsidee beherrscht sein. Die Eigenart der Maßnahme aber besteht in ihrer Zweckabhängigkeit von der konkreten Sachlage. Die Maßnahme ist also ihrem Begriffe nach durchaus beherrscht von der *clausula rebus sic stantibus.*[1]) Ihr Maß, d. h. Inhalt, Verfahren und Wirkung bestimmen sich von Fall zu Fall nach Lage der Sache.

Ebensowenig wie das richterliche Urteil, kann eine Rechtsnorm Maßnahme sein, wenn sie wesentlich ein Rechtsprinzip zum Ausdruck bringen, d. h. vor allem gerecht, von der Rechtsidee beherrscht sein will. Sie ist dann mehr und etwas anderes als eine bloß sachgemäße, nach Lage des Falles getroffene Vorkehrung. Die Orientierung auf ein rechtliches Prinzip, statt

---

[1]) Nachdem die letzten Jahre der Rechtspraxis und der Rechtsliteratur angefüllt sind von zahllosen Gelegenheitsäußerungen über die clausula rebus sic stantibus, muß hier wenigstens hingewiesen werden auf eine wahrhaft systematische Behandlung der Frage, das Buch von Erich Kaufmann „Die clausula rebus sic stantibus und das Wesen des Völkerrechts", Tübingen 1911

auf eine von Fall zu Fall zu bemessende konkrete Zweckmäßigkeit, gibt einer solchen Norm ihre besondere Würde und unterscheidet sie von der Maßnahme. Das bürgerliche Gesetzbuch ist keine Maßnahme. Seine Prinzipien wollen mehr sein als eine nach Lage der Sache bestimmte Zweckmäßigkeit. Bei den Grundsätzen des Familien- und Erbrechts ist das besonders deutlich. Ebensowenig kann man eine Verfassung Maßnahme nennen, weil sie prinzipiell als die Grundlage des Staates gelten will. Eine Verfassungsänderung im eigentlichen Sinne des Wortes ist infolgedessen niemals eine Maßnahme. Es führt zu einer ungeheuerlichen Verwirrung, die den Rechtsstaat ebenso auflösen muß, wie ein Mißbrauch des Art. 48, wenn der in Art. 76 R.V. vorgesehene Weg einer Verfassungsänderung für Maßnahmen benutzt wird, welche die Verfassung durchbrechen, ohne sie zu ändern. Ich würde es z. B. für verfassungswidrig halten, wenn der Reichstag, ohne den Verfassungstext zu ändern, für einen einzelnen Fall, statt nach Art. 25 auf Anordnung des Reichspräsidenten, durch eigenen Beschluß selber sich auflösen wollte, oder wenn er den Reichspräsidenten unter Umgehung des in Art. 43 geregelten Verfahrens durch einen nach Art. 76 erfolgenden Beschluß absetzte. Hier wäre die Form der Verfassungsänderung für bloße Maßnahmen mißbraucht. Umgekehrt sind Verfassungsänderungen keine Maßnahmen und abgesehen von allen andern Gründen auch deshalb nach Art. 48 nicht zulässig[1]).

Der Unterschied wird nicht dadurch aufgehoben oder gegenstandslos, daß das Wort Maßnahme nicht auf äußerliche Vorkehrungen im engsten Sinne beschränkt ist. Auch generelle Anordnungen können als Maßnahmen getroffen werden und sind nach Art. 48 zulässig. Der Reichspräsident kann eine Maßnahme treffen, indem er eine Verordnung erläßt. Solche Verordnungen wirken wie Gesetze, insofern sie für Behörden wie für Staatsbürger bindende Befehle sind. Sie können auch für den Richter die Entscheidungsnorm werden, auf deren Grundlage ein richterliches Urteil ergeht, wenn sie nur äußerlich den Charakter genereller, im Voraus bestimmter Anordnungen tragen. Eine Maßnahme kann die Grundlage eines Rechtsaktes sein, der keine Maßnahme mehr ist, weil er durch ein rechtsförmiges Verfahren hindurchgegangen und dadurch aus der unmittelbaren Abhängigkeit von der gegebenen Sachlage befreit ist. Generelle Anordnungen sind demnach in ihrer Wirkung auf Behörden und Staatsbürger praktisch nicht mehr

[1]) Es kann also auch nicht, wenn das aus Gründen der auswärtigen Politik notwendig erscheint, etwa Art. 83, 88 oder 89 R.V. auf Grund von Art. 48 aufgehoben werden, um einen Reparationsplan durchzuführen, für den sich keine verfassungsändernde Mehrheit findet.

zu unterscheiden. Es wäre aber unrichtig, wegen dieser einen Wirkung die rechtswissenschaftliche Unterscheidung überhaupt aufzugeben. In andern Fällen tritt nämlich die praktische Bedeutung wieder auf (vgl. unten S. 100), bei Maßnahmen, welche generelle Anordnungen sind, zeigt sie sich besonders darin, daß das Recht, solche Maßnahmen nach Art. 48 Abs. 2 zu treffen, kein allgemeines Notverordnungsrecht, d. h. kein provisorisches Gesetzgebungsrecht ist. Dieses ermöglicht in eiligen Fällen Verordnungen mit provisorischer Gesetzeskraft, die von den normalen Gesetzgebungsorganen bestätigt werden müssen. Dabei kann es sich, trotz der Eile, um eine durchaus von der Rechtsidee beherrschte, prinzipielle Normierung handeln, die mit dem Anspruch auftritt, nicht nur eine Vorkehrung, sondern eine in der Sache definitiv richtige, rechtliche Normierung zu sein. Die Notverordnung ist, wenn auch nur provisorisch, Gesetz im eigentlichen Sinne. Es ist nicht der Zweck des Abs. 2, dem Reichspräsidenten ein solches allgemeines Notverordnungsrecht zu geben. Soweit die Notverordnung allerdings nichts ist als eine Maßnahme, und das wird in den meisten Fällen so sein, kann auch der Reichspräsident sie — inhaltlich gleich — erlassen. Nur ist das keine provisorische Gesetzgebung, sondern die davon zu trennende Befugnis, alle nötigen Maßnahmen, darunter auch allgemeine Befehle an Behörden und Staatsbürger, zu treffen.

Der Reichspräsident kann nach Art. 48 Abs. 2 kein richterliches Urteil sprechen, weil ein solches keine Maßnahme ist. Er könnte keine neuen Familien- und erbrechtlichen Prinzipien einführen, weil das über eine Maßnahme hinausgeht. Es wäre auch unrichtig, einen doppelten verfassungsmäßigen Gesetzgeber anzunehmen, den ordentlichen des Art. 68 und einen außerordentlichen des Art. 48. Der Reichspräsident ist kein Gesetzgeber. Er kann alle die Akte nicht vornehmen, welche durch verfassungsmäßige Bindung an ein bestimmtes Verfahren eine solche Rechtsförmigkeit erhalten haben, daß sie aufhören, ausschließlich durch die Lage der Verhältnisse bestimmt zu werden, also Maßnahmen zu sein. Er kann nicht ein formelles Gesetz nach Art. 68 der Verfassung erlassen. Es ist ihm ferner nicht möglich, auf Grund von Art. 48 gemäß Art. 45 R.V. den Krieg zu erklären, gemäß Art. 85 den Haushaltsplan festzustellen, oder das in Art. 18 vorgesehene Reichsgesetz als Maßnahme zu treffen. Die Verfassung selbst hat durch eine Formalisierung solche Akte aus der Reihe der Maßnahmen herausgenommen. Maßnahmen, die zur Wiederherstellung der öffentlichen Sicherheit und Ordnung vorgenommen werden, kommen vielleicht im praktischen Resultat und in ihren Folgewirkungen derartigen Akten nahe, niemals aber rechtlich an Bedeutung und Wirkung gleich. Eine auf Grund von Art. 48 Abs. 2 ausgesprochene Kriegserklärung wäre völkerrechtlich keine Kriegserklärung. Der Reichspräsident könnte natürlich tatsächlich so vorgehen, daß im Ergebnis ein Krieg entsteht. Das kann man aber der hier vorgeschlagenen Unterscheidung keineswegs entgegenhalten, wenigstens nicht als juristisches Argument, denn die Möglichkeit, ohne formelles Gesetz einen Krieg herbeizuführen, hat auch die Reichsregierung und hat sie ohne Art. 48. Dieselbe tatsächliche Möglichkeit hat vielleicht, bei gespannter politischer Lage, irgendein Unteroffizier, der seinen Leuten befiehlt, die Grenze zu überschreiten und zu schießen. Solche Einwendungen haben mit Jurisprudenz nichts mehr zu schaffen. Aus der politischen Ausnützung rechtlicher Möglichkeiten entstehen unter Umständen bei jeder Verfassungsbestimmung, nicht nur bei Art. 48, unberechenbare Folgen. Dadurch ist die juristische Brauchbarkeit der Unterscheidung nicht widerlegt. Niemals wird die Rechtswissenschaft das, was in einem geregelten ordentlichen Verfahren formgerecht geschieht, mit dem Resultat einer bloßen Maßnahme gleichsetzen, mag der tatsächliche Erfolg noch so sehr übereinstimmen. Die rechtspraktische Bedeutung des Unterschiedes soll an folgendem Beispiel dargelegt werden: Der Reichspräsident kann trotz des Art. 129 R.V. auf Grund von Art. 48 Beamten die Ausübung ihres Amtes untersagen und andere Personen mit der Führung der Geschäfte betrauen. Er kann, wie man mit einem ungenauen Ausdruck sagt, Beamte suspendieren oder ihres Amtes entheben. Indessen sind das nur Maßnahmen, sie haben tatsächliche und als befugte Maßnahmen auch rechtlich beachtliche Wirkung und haben selbstverständlich eine rechtliche „Kraft", aber nicht die spezifische Rechtskraftwirkung eines im Disziplinarverfahren ergangenen Urteils. Der durch eine Maßnahme des Reichspräsidenten oder seines Beauftragten des Amtes enthobene Beamte bleibt staatsrechtlich in einer beamtenrechtlichen Beziehung zu dem Staat oder der Gemeinde, welche ihn angestellt hat, seine rechtliche Stellung ist keineswegs identisch mit der eines im gesetzlich vorgesehenen Verfahren seiner Stellung enthobenen Beamten. Umgekehrt: wenn auf Grund von Art. 48 Personen mit der Führung von Amtsgeschäften betraut werden, so entsteht keine beamtenrechtliche Position, es entsteht auch nicht die Rechtslage eines Beamten im Sinne von Art. 129 und kein wohlerworbenes Recht. Die Stellung beruht auf einer Maßnahme und bleibt abhängig von dem, was jeweils nach Lage der Sache für zweckmäßig erachtet wird. Der besonderen Rechtskraft, wie sie einem richterlichen Urteil oder einem dem richterlichen Verfahren nachgebildeten verwaltungsgerichtlichen oder disziplinarrichterlichen Urteil, oder einem streng formalisierten Akt zukommt, ist weder jene Amtsenthebung, noch jene Amtsübertragung, noch irgendeine andere Maßnahme fähig[1]).

Prinzipieller Unterschied von normalen Rechtserscheinungen und solchen des Ausnahmezustands.

Die strenge theoretische Trennung zwischen Maßnahmen und andern, von Rechtsidee und Rechtsförmigkeit beherrschten Akten oder Normen widerspricht wohl einer bestimmten Denkgewohnheit, die sich nicht gern von dem abbringen läßt, was sie der Einfachheit halber Positivismus nennt. Aber ich hielt mich für berechtigt, einer Versammlung von Rechtsgelehrten die alte Unterscheidung zu wiederholen, die für das rechtsstaatliche Denken grundlegend ist und überdies nach allen rechtsgeschichtlichen Erfahrungen jedesmal auftritt, wenn Juristen gezwungen sind, auf Prinzipien zurückzugehen, weil Ausnahmefälle und Ausnahmezustände nicht mit der Routine des Alltags erledigt werden können. Es handelt sich um das Prinzip des Rechtsstaats und des Rechtes überhaupt. Auch in der absoluten Monarchie, in der doch alles unterschiedslos auf dem einen Willen des souveränen Fürsten beruhen soll, war die Rechtspraxis gezwungen, um Rechtspraxis zu sein, zwischen bloßen Maßnahmen und Befehlen auf der einen und den in einem spezifischen Sinne rechtlichen Normen und Akten auf der andern Seite zu unterscheiden. Insbesondere wird diese Unterscheidung notwendig, wo unter Berufung auf den Ausnahmefall eine abnorme Situation durch Maßnahmen beseitigt werden soll. Hier kommt man rechtswissenschaftlich nicht damit aus, daß man den zweifellos richtigen Satz wiederholt, außergewöhnliche Situationen erforderten außergewöhnliche Mittel und dergleichen. „Im Charakter des Ausnahmezustandes liegt es, daß er begrenzt ist; er ist eigentlich dazu da, um aufgehoben zu werden und Ausnahme zu bleiben[2]).“ Das gilt nicht nur als äußerliche Redensart. In jedem rechtlichen Atom, wenn ich so sprechen darf, bleibt eine Anordnung, welche eine abnorme Situation voraussetzt, verschieden von dem Recht, das für die normale Sachlage gelten soll. Das Bewußtsein dieses Unterschiedes sollte wenigstens die Rechtswissenschaft nicht verlieren.

---

[1]) Hierin sehe ich einen wesentlichen Grund für die Richtigkeit der These B 2 des Herrn Mitberichterstatters, Prof. Dr. E. Jacobi (Leipzig).

[2]) Der Reichskanzler in der 392. Sitzung des Reichstags am 22. November 1923 (Berichte S. 12191); ebenso der Reichsminister des Innern am 5. März 1924 (405. Sitzung, Berichte S. 12595): „Selbstverständlich ist, daß der Ausnahmezustand seinem Namen entsprechend eine Ausnahme bleiben und abgebaut werden muß, sobald es immer die Verhältnisse erlauben“. — Die Frage ist selbstverständlich auch hier, wer darüber entscheidet, was die Verhältnisse erlauben.

Grenzen der Staatsrechtslehre gegenüber Art. 48 Abs. 2.

Abgesehen davon, daß die Befugnis des Reichspräsidenten aus Art. 48 Abs. 2 Satz 2 in sich beschränkt ist, weil selbstverständlich nur die aufgezählten Grundrechte außer Kraft gesetzt werden dürfen; abgesehen ferner davon, daß insoweit eine Einschränkung der Befugnis aus Satz 1 eintritt, als Maßnahmen, welche eine Außerkraftsetzung in dem entwickelten Sinn des Wortes enthalten, nur für die aufgezählten Grundrechte zulässig sind (vgl. oben S. 76), ergeben sich also drei Arten von Schranken für die Befugnisse des Reichspräsidenten aus Art. 48 Abs. 2. Sie lassen sich aus der staatsrechtlich und verfassungsgeschichtlich eigenartigen Regelung des Art. 48 Abs. 2 und aus rechtsstaatlichen Prinzipien entwickeln. Die Sicherheit einer Abgrenzung, wie sie durch ein Gesetz erfolgt, welches die Befugnisse tatbestandsmäßig aufzählt, darf man von einem Provisorium, wie es die hier in Frage stehende Regelung bedeutet, nicht erwarten. Man ist als Jurist nicht berechtigt, die absichtliche Besonderheit dieser Regelung und den nachweisbaren Sinn einer Verfassungsbestimmung zu mißachten, um zu scheinbar bestimmteren Grenzen zu kommen. Das Unbefriedigende liegt nicht in der rechtlichen Konstruktion, sondern in der Natur eines absichtlich offen gelassenen Provisoriums. Daß politische Motive und Zwecke die Auslegung nur verwirren können, braucht nicht betont zu werden. Politisch gesprochen ändert sich die Bedeutung des Art. 48 fundamental, je nachdem man ihn als ein Mittel demokratischer oder monarchischer, unitarischer oder föderalistischer Tendenzen benutzen möchte und je nachdem, ob man hofft, seine weitgehenden Machtbefugnisse für die eigene Politik verwerten zu können, oder ob man fürchtet, der politische Gegner könnte sie mißbrauchen. Sobald die Auslegung sich in diese Sphäre begibt, hört jede Möglichkeit einer Verständigung auf. Etwas anderes ist es, wenn streng juristisch der rechtsstaatliche Gesichtspunkt festgehalten wird, daß gewisse Grenzen bestehen müssen. Darin liegt das berechtigte Motiv einer Auslegung, die aus der Aufzählung in Satz 2 einen Schluß auf eine allgemeine Beschränkung ziehen möchte. Nach allgemeinen rechtsstaatlichen Prinzipien würde die richtige Abgrenzung erst durch die gesetzliche Aufzählung aller zulässigen Befugnisse geschaffen. Der Irrtum jener Auslegung besteht darin, daß sie, in ihrem Bedürfnis nach einer Abgrenzung, voreilig in irgendeiner Aufzählung des Gesetzestextes das Schriftwort entdeckt und den Ersatz für eine der rechtsstaatlichen Regelung entsprechende Aufzählung gefunden zu haben glaubt. Eine wirkliche rechtsstaatliche Schranke vermag sie auf solche Weise nicht herbeizuführen und ihr eigentliches Ziel, die Verfassung vor einer schrankenlosen Diktatur zu retten, kann sie weder theoretisch noch praktisch erreichen, weil die verfassungsrechtliche und geschichtliche Besonderheit der in Art. 48 Abs. 2 geschaffenen Regelung nicht durch Konstruktionen aus der Welt geschafft werden kann. Es lassen sich brauchbare Grenzen entwickeln, ohne diese Eigenart zu ignorieren. Insbesondere ist keine Frage, daß die Verfassung selbst durch Art. 48 rechtmäßig nicht aufgehoben werden kann: eine Aufhebung der Verfassung oder auch nur eine Aenderung des Verfassungstextes ist begrifflich kein Mittel zur Herstellung der öffentlichen Sicherheit und Ordnung und auch keine Maßnahme in dem hier entwickelten Sinne. Im übrigen kommt es nicht darauf an, für jede Einzelheit eine automatische Antwort zu haben. Die Verfassung selbst hat auf diese Art Präzision verzichtet und statt dessen Kontrollmittel geschaffen: ministerielle Gegenzeichnung und parlamentarisches Aufhebungsrecht. Gegen einen Mißbrauch des Abs. 4 durch die Landesregierungen ist ebenfalls eine Kontrolle vorgesehen in dem doppelten Anspruch auf Außerkraftsetzung, wie er dem Reichspräsidenten und dem Reichstag zusteht. Wenn die als Kontrolle gedachten Stellen sowohl gegenüber Abs. 2 wie Abs. 4 versagen, wenn insbesondere das Parlament in einem System ausdrücklicher oder stillschweigender Delegationen sich selbst aufhebt, so ist es wohl Aufgabe der Staatsrechtswissenschaft, die rechtlichen Folgen dieser Praxis zum Bewußtsein zu bringen und Mißbräuche und Versäumnisse als solche zu kennzeichnen, nicht aber ist es Sache der staatsrechtlichen Konstruktion, daraufhin die Verfassung anders zu interpretieren, um womöglich mit den Mitteln juristischer Auslegungskunst neue Garantien zu schaffen. Was die zuständigen, höchsten staatlichen Organe unterlassen, kann die Staatsrechtslehre nicht nachholen, und noch weit mehr als im privaten gilt im öffentlichen Recht der Satz: Vigilantibus jura sunt scripta.

1a. Leitsätze des Berichterstatters.

1. Bis zum Inkrafttreten des in Art. 48 Abs. 5 vorgesehenen Reichsgesetzes kann der Reichspräsident nach Art. 48 Abs. 2 Satz 1 alle zur Wiederherstellung der öffentlichen Sicherheit und Ordnung für nötig erachteten Maßnahmen treffen; dabei ist er auch durch andere als die in Satz 2 aufgezählten Verfassungsbestimmungen nicht behindert. Satz 2 enthält gegenüber dem Satz 1 nicht eine Einschränkung, sondern eine neue zu der Befugnis aus Satz 1 hinzukommende Be-

fugnis, nämlich die aufgezählten Artikel der Verfassung außer Kraft zu setzen, ohne selber Maßnahmen zu treffen.

2. Die dem Reichspräsidenten nach Leitsatz 1 zustehende Befugnis bedeutet ein Provisorium, dessen Eigenart darin besteht, daß einerseits die staatsrechtlich unbegrenzte Machtvollkommenheit, die rechtsstaatlich in der Hand einer verfassunggebenden Versammlung nur bis zum Inkrafttreten der Verfassung denkbar ist (souveräne Diktatur) mit dem Inkrafttreten der Verfassung aufhören muß, andererseits aber eine rechtsstaatlichen Prinzipien entsprechende Umgrenzung einer kommissarischen Diktatur nicht stattgefunden hat. Es ist Aufgabe des nach Art. 48 Abs. 5 zu erlassenden Reichsgesetzes, diese Umgrenzung vorzunehmen.

3. Die Grenzen der dem Reichspräsidenten nach Art. 48 Abs. 2 Satz 1 zustehenden Befugnis ergeben sich daraus, daß es sich um eine auf einer Verfassungsbestimmung beruhende, außerordentliche Befugnis handelt. Daraus ergibt sich insbesondere:

a) Was als öffentliche Sicherheit und Ordnung und als eine Gefährdung derselben anzusehen ist, kann nicht unabhängig von der Verfassung bestimmt werden;

b) Art. 48 enthält in sich ein Minimum von Organisation, das auch durch bloß tatsächliche außerordentliche Maßnahmen nicht angetastet werden darf (Reichspräsident, Reichsregierung, Reichstag);

c) die Befugnis gilt nur für Maßnahmen, d. h. Einzelhandlungen oder generelle Anordnungen, die im Hinblick auf eine als anormal anzusehende und daher zu beseitigende konkrete Sachlage erfolgen, nicht aber auf unabsehbare Zeitdauer Geltung beanspruchen.

Die Diktatur des Reichspräsidenten nach Art. 48 der Reichsverfassung.

2. Bericht von Professor Dr. Erwin Jacobi in Leipzig.

I.

In dem fast unübersehbaren Komplex von Zweifeln, der an Art. 48 RV. anschließt, bedarf die Frage nach dem Umfang der dem Reichspräsidenten in Abs. 2 von Art. 48 erteilten Ermächtigung vor anderen einer Untersuchung. Hierbei muß ich mich ebenso wie Carl Schmitt bezüglich des Verhältnisses der Maßnahmen des Reichspräsidenten zu den in Art. 48 Abs. 2 Satz 2 nicht aufgeführten Artikeln der Reichsverfassung für ein Ergebnis einsetzen, das von der in der Theorie herrschenden Meinung abweicht.

Bevor ich den Gedankengang entwickle, der mich zu meiner Stellungnahme veranlaßt, muß zur Vermeidung von allerhand Mißverständnissen eine scharfe Formulierung der Frage vorausgeschickt werden. Es soll untersucht werden, ob Art. 48 Abs. 2 der Reichsverfassung Maßnahmen des Reichspräsidenten rechtfertigt, die in Widerspruch zu den übrigen Artikeln der Reichsverfassung stehen. Soweit die Antwort bejahend ausfällt, ist ein solcher Widerspruch durch die Verfassung selbst nämlich eben durch Art. 48 Abs. 2, gedeckt, es liegt also dann in ihm keine Verfassungsverletzung [1]).

1. So oft unsere Frage bisher allgemein behandelt worden ist [2]), hat sie eine verneinende Beantwortung erfahren. Die erste Aeußerung dieser Art scheint die des Reichsministers Schiffer [3]) aus dem Jahre 1920 zu sein, der als Mitglied der Nationalversammlung den Verfassungsberatungen im Plenum beigewohnt hat und dessen Meinung deshalb besonders schwer ins Gewicht

---

[1]) Die betr. Maßnahmen bleiben gleichwohl im Widerspruch zu den übrigen Verfassungsartikeln. Man darf das nicht unter Berufung darauf leugnen wollen, daß die Verfassung den Widerspruch gestatte.

[2]) Die einzelnen Zitate folgen im Text. Hier sei nur darauf hingewiesen, daß die Kommentare von Anschütz und Giese die allgemeine Frage nicht aufwerfen.

[3]) Das Gutachten des Reichsjustizministeriums, das vom Reichskanzler Bauer unter dem 5. Oktober 1919 dem Haushaltsausschuß der Nationalversammlung vorgelegt wurde (Beilage zur Drucks. 1097 der National-

fällt. Er erklärt gelegentlich der Verhandlungen über die Verordnungen des Reichspräsidenten vom 13. und 20. Januar 1920 in der Sitzung der Nationalversammlung vom 3. März 1920 (Stenogr. Berichte S. 4636 B):

> Irgend eine Beschränkung bezüglich dieser Maßnahmen ist nicht vorgesehen. Es können also Maßnahmen aller Art sein, Maßnahmen der Gesetzgebung oder Maßnahmen der Verwaltung oder auch rein tatsächliche Maßnahmen und Vorkehrungen.
>
> Nur eine begriffliche Schranke liegt allerdings vor. Es können Maßnahmen nicht in Frage kommen, die die Verfassung selbst betreffen. Es ist undenkbar, daß auf Grund dieser Bestimmung der Reichspräsident die Verfassung außer Kraft setzen, beseitigen könnte, die die Grundlage der Bestimmung selbst und die Grundlage seiner eigenen Machtvollkommenheit ist. Wollte man ihn in die Lage versetzen, durch seine Maßnahmen auch auf das Gebiet der Verfassung hinüberzugreifen, dann bedurfte es noch einer besonderen Anordnung, und diese ist im zweiten Satz ausgesprochen ...

Ohne Bezugnahme auf diesen oder einen anderen Gewährsmann erklärt dann das Reichsgericht in dem Urteil des vereinigten 2. und 3. Strafsenats vom 5. Oktober 1921 (Entscheidungen Bd. 56, S. 161 ff.)[1]):

> Der Reichspräsident ist, wenn er die öffentliche Sicherheit und Ordnung im Deutschen Reich für erheblich gestört oder gefährdet hält, in seinem Rechte zur Anordnung der zu ihrer Wiederherstellung nötigen Maßnahmen nur durch

---

versammlung), erwähnt eine allgemeine Schranke des Art. 48 II in Gestalt der übrigen Verfassungsbestimmungen noch nicht: „Nach dieser Vorschrift ist der Reichspräsident befugt, die nötigen Maßnahmen zu treffen; er kann insbesondere(!) verfassungsmäßige Grundrechte vorübergehend außer Kraft setzen und erforderlichenfalls mit Hilfe der bewaffneten Macht einschreiten."

[1]) Das Urteil des RG. IV. Strafsenat v. 29. Okt. 1920, Entsch. Bd. 55 S. 115 ff. führt noch unter Bezugnahme auf die Erklärungen des Berichterstatters des Verfassungsausschusses Abg. v. Delbrück und des Abg. Grafen zu Dohna bei der 2. Lesung der Verf. (46. u 47. Sitzung am 4. u. 5. Juli 1919, Sten. Ber. S. 1304, 1322, 1325) ohne jede Einschränkung aus:

> Hiernach muß es als der unzweideutig ausgedrückte Wille des Gesetzgebers angesehen werden, daß der Reichspräsident bis zur Erlassung des in Art. 48 Abs. 5 vorgesehenen Reichsgesetzes jede Maßnahme treffen kann, die zur Wiederherstellung der öffentlichen Ordnung und Sicherheit erforderlich ist. Namentlich ist er nicht auf Verwaltungsanordnungen beschränkt, sondern auch zum Erlaß von Rechtsverordnungen, insbesondere von Strafvorschriften befugt.

Der soeben veröffentlichte Beschluß des Bayr. Staatsgerichtshofs vom 31. Januar 1924, Bayr. Rechtspfl. Z. 1924 S. 58 ff. stellt sich dagegen mit Entschiedenheit auf den Standpunkt des RG.-Urteils vom 5. Okt. 1921.

den Art. 48 selbst und die sonstigen Bestimmungen der Verfassung beschränkt, soweit er durch Art. 48 Abs. 2 Satz 2 nicht ausdrücklich ermächtigt wird, gewisse Grundrechte außer Kraft zu setzen.

In der Monographie von Richard Grau, Die Diktaturgewalt des Reichspräsidenten und der Landesregierungen auf Grund des Art. 48 der Reichsverfassung, Oeffentlich-rechtliche Abhandlungen, herausgegeben von Triepel, Kaufmann und Smend, Heft 5, Berlin 1922 findet sich ein besonderer Abschnitt mit der Ueberschrift: „Die Unantastbarkeit der Reichsverfassung" (S. 50ff.). Hier wird eine eingehendere Begründung des Satzes versucht, „daß der Diktator an die Bestimmungen der Reichsverfassung gebunden bleibt". Das erste ist der Hinweis auf den historischen Zusammenhang[1]: das Preuß. B. Z. G. vom 4. Juni 1851 habe als einfaches Gesetz dem Diktator die Befugnis zur Antastung der Verfassung nicht geben wollen und können, die in §§ 5, 16 B.Z.G. vorgesehene Außerkraftsetzung der Grundrechtsartikel erkläre sich nur aus der Tatsache, daß diese Artikel in der preußischen Verfassung vom 31. Januar 1850 selbst (Art. 111) bereits als suspendierbar bezeichnet seien; die Reichsverfassung von 1871 habe in ihrem Art. 68 mit dem Preuß. B.Z.G. auch den Grundsatz von der Unantastbarkeit des Verfassungsgesetzes übernommen und dabei sei es in der Weimarer Verfassung geblieben; nach den ganzen politischen Verhältnissen bei Erlaß der Weimarer Reichsverfassung sei es ausgeschlossen, „daß das neue Recht die Verfassung gegenüber den außerordentlichen Befugnissen schwächer geschützt haben sollte, als das bisherige". Als zweite Begründung folgt das argumentum e contrario aus der ausdrücklichen Aufzählung der einzelnen für suspendierbar erklärten Verfassungsartikel in Art. 48 Abs. 2 Satz 2; hieraus ergebe sich die Unverletzlichkeit der übrigen Verfassungsartikel. Den Schluß bildet ein Hinweis auf Art. 76 Satz 1 der Reichsverfassung, der ausdrückliche Bestimmungen für Verfassungsänderungen enthalte; damit sei jeder andere Weg einer Verfassungsänderung ausgeschlossen.

Ueber die von Grau gegebenen Begründungen sind auch die zeitlich nachfolgenden Aeußerungen zu unserer Frage nicht wesentlich hinausgekommen. Strupp, das Ausnahmerecht der Länder nach Art. 48 Abs. 4 der Reichsverfassung, Archiv des öffentlichen Rechts, N. F. Bd. 5, S. 182 ff., besonders S. 197, begründet den Satz von der Unverletzlichkeit aller übrigen Verfassungsbestimmungen lediglich mit dem Hinweis auf das argumentum e contrario aus Art. 48 Abs. 2 Satz 2[2]. Hugo

[1] Die Kritik dieser Behauptung folgt S. 113.

[2] So jetzt auch Stier-Somlo, Reichs- und Landesstaatsrecht I Berlin 1924 S. 671f.

Preuß, Reichsverfassungsmäßige Diktatur, Zeitschrift f. Politik, 13. Bd. 1923, S. 97 ff. übernimmt für seinen Satz, „daß die Verfassung selbst im Prinzip für den Diktator unantastbar ist", die dreifache Begründung Graus. Hatschek, Deutsches und preußisches Staatsrecht, Bd. 2 S. 160, 173, subsumiert die Diktatur des Art. 48 dem Typus des Aktionskommissars der kommissarischen Diktatur, dessen Wesen er darin findet, daß er die Verfassungsschranken, die ihm gezogen sind, beobachten muß, während beim gegensätzlichen Typus der souveränen Diktatur der Diktator „die ganze Verfassung, die besteht, über den Haufen werfen kann, um etwas besseres zu erzielen" Dementsprechend erklärt er unter Hinweis auf die oben wiedergegebene Aeußerung Schiffers die Macht des Reichspräsidenten nach Art. 48 Abs. 2 für an sich unbeschränkt, „aber eine Schranke muß sie doch haben: die Reichsverfassung".

2. Eine selbständige Beantwortung unserer Frage muß davon ausgehen, daß der Widerspruch einer Diktaturmaßnahme nach Art. 48 Abs. 2 zu den übrigen Artikeln der Reichsverfassung in verschiedener Weise auftreten kann. Die Maßnahmen des Diktators können rein tatsächliche Handlungen oder Handlungen juristischer Natur sein; die letzteren wieder allgemeine, eine Mehrheit von Tatbeständen umfassende Anordnungen oder Anordnungen für den Einzelfall. Bei den allgemeinen Anordnungen ist zwischen der Aufstellung von Rechtssätzen und dem Erlaß bloßer Verwaltungsvorschriften, bei den Anordnungen für den Einzelfall zwischen dem zweiseitig bindenden Staatsakt und der bloßen Anweisung im Gewaltverhältnis zu unterscheiden. Die Rechtswirkungen sind sehr verschieden, je nachdem ob die im Widerspruch zu einem Verfassungsartikel stehende Maßnahme eine rein tatsächliche Handlung, eine generelle oder für den Einzelfall bestimmte Anweisung im Gewaltverhältnis oder ob sie ein Staatsakt für den Einzelfall (Verwaltungsakt, Verfügung) und schließlich ein Rechtssatz (Rechtsverordnung) ist. In den Fällen der rein tatsächlichen Handlungen und der Anweisungen im Gewaltverhältnis äußert sich die rechtliche Wirkung eines von Art. 48 nicht gedeckten Widerspruchs zur Verfassung nur in Haftungen, Verantwortlichkeiten (strafrechtliche Verantwortung bei strafbaren Handlungen, staatsrechtliche Verantwortung kraft Ministeranklage, zivilrechtliche Haftung nach B.G.B. §§ 839, 823, 826); in Widerstandsrechten der betroffenen Dritten (keine rechtmäßige Ausübung der Staatsgewalt im Sinne von § 113 Str.G.B.); falls eine Strafdrohung konkurriert, schließlich auch in der Unverbindlichkeit der Anweisung (Ueberschreitung der Grenzen des Gewaltverhältnisses; Nachprüfungsrecht des Gewaltunterworfenen; Recht des Gewaltunterworfenen, den Gehorsam zu verweigern,

falls die Anweisung von ihm eine mit Strafe bedrohte Handlung fordert). Jedoch sind die letzteren Wirkungen schon keine unmittelbaren Wirkungen des Widerspruchs zur Verfassung mehr, sondern nur vermittelt durch die allein entscheidende Strafdrohung. Bei den Staatsakten (Verwaltungsakten, Verfügungen) und den Rechtssätzen (Rechtsverordnungen) dagegen ist die Wirkung eines von der Verfassung nicht gedeckten Widerspruches unmittelbar die Ungültigkeit des Staatsaktes, der Verordnung. Für die Rechtsverordnungen sind abermals Verschiedenheiten zu beachten: Der Widerspruch eines Rechtssatzes zu einem der Verfassungsartikel außerhalb des Art. 48 kann darin bestehen, daß sein Inhalt dem betreffenden Verfassungsrechtssatz zuwiderläuft, daß aber der Verfassungsrechtssatz selbst im übrigen nach wie vor in Geltung bleiben soll; die Rechtsverordnung will nur wie ein sogen. bloß materiell verfassungsänderndes Gesetz wirken. Es ist aber auch denkbar, daß die Rechtsverordnung auf Grund Art. 48 Abs. 2 einen Verfassungsrechtssatz selbst aufheben oder ändern, also im Sinne eines formell verfassungsändernden Gesetzes wirken will. Im letzteren Falle liegt eine eigentliche Verfassungsänderung, d. h. eine Aenderung der Verfassungsurkunde vor, während man im ersteren Falle nur von einer Verfassungsdurchbrechung sprechen kann. Lediglich eine Verfassungsdurchbrechung kommt natürlich auch bei einem im Widerspruch zur Verfassung stehenden Staatsakt für den Einzelfall in Frage. Besonderer Erörterung bedarf das Verhältnis der Außerkraftsetzung eines Verfassungsartikels, wie sie in Art. 48 Abs. 2 Satz 2 begegnet, zu den vorstehend gekennzeichneten Verfassungsänderungen und Verfassungsdurchbrechungen. An sich ist nach der Außerkraftsetzung die Rechtslage so zu beurteilen, als ob der betreffende Verfassungsrechtssatz aufgehoben worden wäre; es liegt nicht nur eine rechtssatzmäßige Durchbrechung bei sonstiger Fortgeltung des Verfassungsrechtssatzes, sondern seine Aufhebung vor. Das Eigenartige besteht nur darin, daß mit dem Wiederaufleben des Rechtssatzes in der Verfassungsurkunde gerechnet wird und daß dieses Wiederinkraftsetzen nicht der Form des Verfassungsgesetzes bedarf, sondern in derselben Form erfolgt, wie die Außerkraftsetzung verfügt worden ist. Eine solche in der Verfassungsurkunde (oder auch in einem späteren Verfassungsgesetz) ausgesprochene Suspendierbarkeit einzelner Verfassungsartikel bedeutet, daß insoweit der Verfassungsgesetzgeber auf den Vorrang des Verfassungsgesetzes vor allen übrigen staatlichen Willensäußerungen verzichtet hat; eine staatliche Willensäußerung niederen Ranges (Rechtsverordnung, möglicherweise einfaches Gesetz) ist in der Lage, innerhalb der gesteckten Grenzen die Geltung eines Verfassungsrechtssatzes aufzuheben und wieder herbeizuführen.

Für die Unterscheidung von rechtssatzmäßiger Verfassungsdurchbrechung, Aenderung der Verfassungsurkunde, Außerkraftsetzung von Verfassungsartikeln wird endlich noch wesentlich der Gegensatz zwischen den dem Staatsrecht angehörigen organisatorischen Bestimmungen der Verfassung und den das Verhältnis der Staatsgewalt zum Bürger regelnden, dem Verwaltungsrecht zugehörigen Grundrechten. Bei den letzteren kommt, soweit sie den Vorbehalt des einfachen Gesetzes zum Ausdruck bringen, wohl eine Aenderung der Verfassungsurkunde oder eine Außerkraftsetzung, nicht aber eine rechtssatzmäßige Verfassungsdurchbrechung im Sinne eines materiell verfassungsändernden Gesetzes in Betracht, denn ein solcher Grundrechtsartikel sieht ja selbst schon seine Durchbrechung vor. Hier kann sich nur die Frage erheben, ob auch eine Rechtsverordnung und insbesondere eine Verordnung aus Art. 48 der R.V. als der den Vorbehalt des Gesetzes ausfüllende Rechtssatz wirken kann. Die Antwort muß für die Verordnungen auf Grund Art. 48 Abs. 2 verneinend lauten. Der verfassungsmäßige Vorbehalt des Gesetzes will den Bürger gegen die vollziehende Gewalt gerade dadurch schützen, daß nur ein im formellen Gesetzgebungsverfahren erlassenes Gesetz für fähig erklärt wird, die Verwaltung zu Eingriffen zu ermächtigen. Nun kann gewiß das formelle Gesetz, statt unmittelbar die Eingriffe in die Freiheitsspähre vorzunehmen, eine nachgeordnete Stelle dazu ermächtigen und dieser einen gewissen Spielraum lassen, um sich nach eigenem Ermessen zu betätigen. Der Sinn des Vorbehaltes würde aber aufgehoben sein, wenn man als das ihn ausfüllende formelle Gesetz eine in der Verfassung selbst oder einem formellen Gesetz enthaltene allgemeine Zuständigkeitsnorm anerkennen wollte, die einen ganz allgemeinen Aufgabenkomplex umschreibt und einer Stelle zuweist. Das würde die Aufhebung der im Vorbehalt des Gesetzes liegenden Rechtsgarantie und ein Widerspruch in sich sein; es würde das, was auf der einen Seite garantiert wird, auf der anderen Seite sofort wieder preisgegeben werden. Das formelle Gesetz, das den Vorbehaft ausfüllen soll, muß, wenn es nicht selbst unmittelbar den Eingriff verfügt, eine spezialisierte Erlaubnisnorm, nicht nur eine allgemeine Zuständigkeitsnorm enthalten.[1]) Demgemäß kommen aber Art. 48 Abs. 2 und die auf seiner Grund-

[1]) Vgl. hierzu Thoma, Der Vorbehalt des Gesetzes im preuß. Verfassungsrecht, Festgabe für Otto Mayer S. 219 ff; derselbe Z. für Politik Bd. 7 S. 284; Grau, Die Diktaturgewalt S. 58 ff., 64 ff; Strupp, Archiv d. öff. R. N. F. Bd. 5 1923 S. 200. Entgegengesetzter Ansicht ist An-

lage erlassenen Verordnungen nicht als den Vorbehalt des Gesetzes ausfüllende Rechtssätze in Betracht.

Da kraft der formellen wie dogmatischen Verschiedenheit des organisatorischen Teiles einer Verfassung und der Grundrechte die Fragen der Verfassungsänderung, Verfassungsdurchbrechung und Außerkraftsetzung der Verfassungsartikel für beide Gebiete verschieden liegen, ist ein Rückschluß von einem auf das andere nicht gestattet.

3. Geht man mit den so gewonnenen Unterscheidungen an die Untersuchung des Ausnahmezustandsrechts vor der Revolution heran, so zeigt sich eine wesentliche Verschiedenheit der Situationen im Preußischen Recht und in dem Recht der Reichsverfassung von 1871.

a) Für das Preußische Recht der Verfassung vom 31. Januar 1850 und des B.Z.G. vom 4. Juni 1851 kommt weder eine Aenderung der Verfassungsurkunde, noch eine Verfassungsdurchbrechung in Frage, sondern lediglich die Außerkraftsetzung bestimmter in Art. 111 angeführter Grundrechtsartikel. Das zur Ausführung des Art. 111 erlassene B.Z.G. gestattet, abgesehen von der näheren Regelung der in der Verfassung selbst vorgesehenen Grundrechtssuspension (§§ 5, 16), weder Verfassungs-

---

schütz, Kommentar zur preuß. Verf. S. 140 f.; zur Reichsverfassung S. 195; Z. f. d. ges. Strafr. Bd. 36 S. 484 ff.

Als Begründung der im Text vertretenen Meinung kann nicht der Hinweis dienen, daß andernfalls die ausdrückliche Erklärung der Suspendierbarkeit bestimmter auch nur den Vorbehalt des Gesetzes aussprechenden Grundrechtsartikel unverständlich sein würde. Es besteht ein wesentlicher Unterschied zwischen der Außerkraftsetzung eines Grundrechtsartikels und dem Erlaß eines Gesetzes, das im Sinne des Vorbehalts des Gesetzes einen Eingriff in das Grundrecht legitimiert; im ersteren Falle ist das Grundrecht für die vollziehende Gewalt nicht mehr vorhanden, sie kann also nunmehr frei vorgehen und beispielsweise auch die allgemeine polizeiliche Ermächtigung ausnutzen, die sonst durch die verfassungsmäßig anerkannte „Freiheit" ausgeschaltet ist. Im zweiten Falle wird der vollziehenden Gewalt Spielraum nur soweit eröffnet, als das betreffende Gesetz reicht; für ein Vorgehen auf Grund der allgemeinen polizeilichen Ermächtigung wird kein Raum. Die Frage spielt schon im vorrevolutionären Recht bezüglich der Verordnungen auf Grund § 9b B.Z.G., Art. 68 R.V. (s. hierüber unten S. 113). Hier hat man die Ansicht, daß diese Verordnungen den Vorbehalt des Gesetzes nicht ausfüllen könnten, mit dem Hinweis auf die ausdrückliche Erwähnung der Suspension bestimmter Grundrechte in § 5 B.Z.G. begründet; vgl. H. Lehmann, die Kriegsbeschlagnahme als Mittel der Organisation der Rohstoff- und Lebensmittelversorgung, 1916, S. 25; Strupp, deutsches Kriegszustandsrecht 1916, S. 93; Kitzinger, Z. f. d. ges. Strafr. Bd. 36, S. 770; Pürschel, Belagerungszustand S. 174 ff. Die richtige Begründung liegt in der im Text erwähnten Tatsache, daß man die Verfassung in Widerspruch mit sich selbst bringen würde, wenn man annehmen wollte, sie sehe den Vorbehalt des formellen Gesetzes schon in einer so allgemeinen Bestimmung erfüllt, wie sie § 9b B.Z.G. darstellt.

änderungen, noch Verfassungsdurchbrechungen, wozu es ja als einfaches Gesetz auch gar nicht legitimiert wäre. Allerdings soll nach § 4 B.Z.G. für den Fall der Erklärung des Belagerungszustandes ipso jure die vollziehende Gewalt an die Militärbefehlshaber übergehen, und das bedeutet, daß der Militärbefehlshaber für das gesamte Gebiet der Verwaltung, für alles, was nicht dem Gebiete der richterlichen Gewalt oder der formellen Gesetzgebung angehört, zuständig wird, sei es, daß er selbst handelt, sei es, daß er die bisher zuständigen staatlichen Verwaltungsbehörden und Gemeindebehörden unter seiner Leitung weiter arbeiten läßt (vgl. § 4 Abs. 1 Satz 2 B.Z.G.: die Zivilverwaltungs- und Gemeindebehörden haben den Anordnungen und Aufträgen der Militärbefehlshaber Folge zu leisten). Eine solche Uebertragung der vollziehenden Gewalt auf den Militärbefehlshaber steht aber nicht im Widerspruch mit der Preußischen Verfassung von 1851, denn diese geht in Art. 45 davon aus, daß die gesamte vollziehende Gewalt beim König konzentriert ist, und daran wird durch die Umorganisation des Belagerungszustands nicht gerührt, führt doch der König auch den Oberbefehl über das Heer (Art. 46); wenn die vollziehende Gewalt der Selbstverwaltungskörper mit der Erklärung des Belagerungszustandes auf den militärischen Befehlshaber übergeht, so ist das gewiß ein Widerspruch zu den verschiedenen gesetzlichen Ordnungen der Selbstverwaltungsorganisation, aber trotz Art. 105 kein Widerspruch zur Preußischen Verfassung.

b) Ganz anders wird die Lage im Reich, als durch Art. 68 der Verfassung vom 16. April 1871 der Kaiser ermächtigt wird, wenn die öffentliche Sicherheit in dem Bundesgebiet bedroht ist, einen jeden Teil desselben in Kriegszustand zu erklären mit der Maßgabe, daß Voraussetzungen, Form der Verkündung und Rechtswirkungen einer solchen Erklärung sich bis zum Erlaß eines entsprechenden Reichsgesetzes nach den Vorschriften des Preußischen B.Z.G. vom 4. Juni 1851 bestimmen.

Damit steht zunächst die nach § 5 des Preußischen Gesetzes mögliche Suspension der dort aufgezählten Grundrechtsartikel auch im Falle des Reichskriegszustands zur Verfügung, so daß innerhalb des ganzen Reiches die vollziehende Gewalt von diesen Schranken befreit werden kann. Vor allem aber ergibt sich jetzt auch für das Reich ipso jure die Uebertragung der vollziehenden Gewalt auf den militärischen Befehlshaber (§ 4 B.Z.G.). Nach allgemein anerkannter Ansicht erhält der Militärbefehlshaber damit nicht nur die gesamte vollziehende Gewalt des Reichs, auch soweit sie nach der Verfassung dem Bundesrat zusteht[1]), sondern

---

[1]) Vgl. Arndt, DJZ. 1915 S. 307; Delius, Pr. Verw. Bl. Bd. 36 S. 571; Anschütz, Z. f. d. ges. Strafrecht Bd. 36 S. 487; Kitzinger

ebenso die gesamte vollziehende Gewalt der Länder im vollen Umfange, wie sie die Landesherrn bezw. die Senate der freien Städte, die Landeszentralbehörden und sonstigen Landesverwaltungsbehörden, die Selbstverwaltungskörper und ihre Organe besitzen [1]). Ueberall kann jetzt der militärische Befehlshaber selbst die Angelegenheiten erledigen bezw. den sonst zuständigen Stellen verbindliche Weisungen geben. Das widerspricht aber sowohl der in der Reichsverfassung vorgesehenen Verteilung der Reichsverwaltungsfunktionen zwischen Bundesrat und Kaiser wie der verfassungsmäßigen Zuständigkeitsverteilung zwischen Reich und Ländern hinsichtlich der Verwaltungsaufgaben. Außerhalb des Kriegszustandes würde eine solche organisatorische Verschiebung nur unter den Garantien der Verfassungsänderung möglich sein; als Folge des Kriegszustandes ist sie durch Art. 68 der Reichsverfassung gedeckt. Mit der durch die Bezugnahme auf das Preußische B.Z.G. in der Reichsverfassung verfügten Uebertragung der vollziehenden Gewalt auf den militärischen Befehlshaber ist also eine Durchbrechung des verfassungsmäßigen Reichsaufbaues für den Fall des Kriegszustandes durch die Verfassung selbst vorgesehen. Damit erweist sich die bei der herrschenden Auslegung des Art. 48 Abs. 2 der R.V. vom 11. August 1919 übliche Berufung auf den historisch-politischen Zusammenhang (s. oben S. 107 ff.) als hinfällig. Für die Regelung des Kriegszustandsrechtes in der Reichsverfassung von 1871 gilt nicht die Unantastbarkeit der Reichsverfassung als beherrschender Grundsatz, vielmehr werden die Organisationsrechtssätze der Verfassung im Falle des erklärten Kriegszustandes unmittelbar durchbrochen.

Wohl aber spielt die Schranke der Reichsverfassung im vorrevolutionären Recht eine Rolle bei dem Verbotsrecht des militärischen Befehlshabers, das die Praxis des Reichskriegszustandsrechts während des Weltkrieges aus § 9b des Preußischen B.Z.G. in Verbindung mit Art. 68 R.V. entwickelt hat. Hier handelt es sich um das Recht der Militärbefehlshaber, während des erklärten Kriegszustandes unabhängig von dem Uebergang der vollziehenden Gewalt, der als solcher nur intra legem erfolgt, im Interesse der öffentlichen Sicherheit

---

ebenda S. 778; Conrad, D. Str. Z. 1915 S. 6; derselbe, Gesetz über den Belagerungszustand S. 16ff; Menner, J.W. 1916 S. 78; Pürschel, Belagerungszustand S. 60 unter b; Strupp, Deutsches Kriegszustandsrecht S. 47ff.; vgl. auch R.G. v. 26. Okt. 1915, Leipz. Z. 1916 S. 50.

[1]) Vgl. Haenel, Deutsches Staatsrecht I S. 437; Szymanski, Das Verordnungsrecht des Militärbefehlshabers 1915 S. 5; Conrad, Leipz. Z. 1915 S. 467; Siebert, D. Str. Z. 1915 S. 101ff.; Adam, Pr. Verw. Bl. Bd. 36 S. 501; Strupp, Conrad, a. a. O.; auch R.G. Entsch. i. Str. Bd. 49 S. 2 und 5.

Verbote und Gebote allgemeiner Art oder für den Einzelfall auf allen Gebieten des öffentlichen wie privaten Lebens ohne Bindung an die bestehenden Reichs- oder Landesgesetze zu erlassen — also ein Recht zum Erlaß von Rechtsverordnungen und Einzelverfügungen praeter und contra legem. Es ist hier nicht unsere Aufgabe, auf den in der Theorie nie zur Ruhe gekommenen Streit über die Ableitbarkeit dieses Rechtes aus den angeführten Gesetzesbestimmungen einzugehen [1]). Die Praxis der militärischen Befehlshaber hat das Recht schließlich ganz fest gehandhabt, und die nachprüfenden Gerichte, insbesondere das Reichsgericht haben zugestimmt [2]). Einmütigkeit herrscht jedenfalls in der Richtung, daß ein Anordnungsrecht contra legem fundamentalem aus dem als ein einfaches Gesetz ergangenen B.Z.G. nicht ableitbar ist, daß also in der Tat insoweit die Preußische wie die Reichsverfassung undurchbrechbare Schranken bilden. Wenn die Möglichkeit von Eingriffen des Militärbefehlshabers auf Grund § 9b B.Z.G. in Verbindung mit Art. 68 R.V. in die nicht suspendierbaren oder nicht suspendierten Grundrechte, speziell in das nicht suspendierbare Briefgeheimnis oder in die Preßfreiheit ohne Suspension erörtert wird, so handelt es sich hier nur um die von uns oben S. 110f. mit Anm. 1 behandelte Frage, ob die Anordnungen des militärischen Befehlshabers als Gesetze im Sinne des Vorbehalts des (einfachen) Gesetzes angesehen werden können, den jene Grundrechte aussprechen [3]).

Als Rechtswirkungen des reichsrechtlichen Kriegszustandes sind hiernach festzustellen: eine von der Reichsverfassung durch die Bezugnahme auf das Preußische B.Z.G. (§ 4) unmittelbar verfügte Durchbrechung der verfassungsmäßigen Reichsorganisation in Gestalt der Uebertragung der vollziehenden Gewalt auf den militärischen Befehlshaber; weiter die Möglichkeit zur

---

[1]) Zusammenstellung der Literatur bei Pürschel, Belagerungszustand S. 153ff. unter IV A. Vgl. auch Strupp, deutsches Kriegszustandsrecht S. 91ff. unter C.

[2]) Man vgl. nur R.G. Entsch. i. Str. Bd. 49, S. 89; 161; 256; Bayr. Oberst. LG. Entsch. v. 5. Okt. 1915, JW. 1915 S. 1450, DJZ. 1916 S. 1204; Entsch. v. 28. Okt. 1915, JW. 1915 S. 1450; 18. 11. 1915; DJZ. 1916 S. 143f.; Kammergericht, Entsch. v. 8. 2. 1915, DJZ. 1915 S. 319. Im übrigen kann auf die Zitate bei Pürschel, Conrad, Strupp a. a. O. verwiesen werden.

[3]) Vgl. zum Vorstehenden Pürschel a. a. O. S. 174ff. und die dort angeführte Literatur und Judikatur. Wenn allerdings Anschütz, Preßfreiheit und Briefgeheimnis unter dem Kriegszustand, Z. f. d. ges. Strafr. Bd. 36 S. 484ff. erklärt, daß ohne Supension des Art. 27 der Preuß. Verf. durch Verordnung oder Verfügung des militärischen Befehlshabers auf Grund B.Z.G. § 9b die Zensur eingeführt werden könne, so wird damit ein Anordnungsrecht contra legem fundamentalem in Anspruch genommen; denn die Zensur ist nach Art. 27 Abs. 2. Preuß. Verf. unbedingt, nicht unter dem Vorbehalt des Gesetzes ausgeschlossen.

Supension bestimmter Grundrechte (§ 5 B.Z.G.) und endlich ein von der Praxis aus Art. 68 R.V. in Verbindung mit § 9b B.Z.G. entwickeltes Recht des militärischen Befehlshabers, im Interesse der öffentlichen Sicherheit Anordnungen und zwar auch praeter und contra legem zu treffen, dieses Recht jedoch beschränkt durch die übrigen Bestimmungen der Reichsverfassung wie der Preußischen Verfasssung, insbesondere durch die nicht suspendierbaren oder nicht suspendierten Grundrechte. Die außerdem noch besonders vorgesehenen Strafschärfungen und Möglichkeiten von außerordentlichen Gerichten können hier außer Betracht bleiben, da sie für die Fragen der Verfassungsdurchbrechung, Verfassungssuspension und Verfassungsänderung nichts Neues bringen. Dagegen ist von Wichtigkeit die negative Feststellung, daß auf Grund des Kriegszustandes (Art. 68) keinesfalls eine Verfassungsänderung im Sinne einer Aenderung der Verfassungsurkunde in Frage kommt.

4. Die von Carl Schmitt behandelte Entstehungsgeschichte der Weimarer Verfassung läßt keinen Zweifel, daß der Wille bei der Regelung des Ausnahmerechts in Art. 48 R.V. dahin ging, dem Reichspräsidenten jedenfalls d i e Möglichkeiten sämtlich in die Hand zu geben, die das vorrevolutionäre Kriegszustandsrecht eröffnete. Das Entscheidende ist nun aber, daß man sich entschloß, statt der Aufzählung einzelner Rechtsmöglichkeiten und Rechtswirkungen in der Verfassung eine Generalklausel zu formulieren, die dem Reichspräsidenten vorerst einmal — bis zum Erlaß des Ausführungsgesetzes — „plein pouvoir“, „unbeschränkte Befugnisse“ und damit ganz von selbst auch die Befugnisse des früheren Rechts geben sollte. Da neben der Generalklausel nur die Möglichkeit der Außerkraftsetzung der — jetzt in die Reichsverfassung aufgenommenen — Grundrechte b e s o n d e r s erwähnt wird, muß die Generalklausel jedenfalls das frühere Anordnungsrecht des militärischen Befehlshabers nach § 9b B.Z.G. und die Uebertragung der vollziehenden Gewalt auf den militärischen Befehlshaber umfassen. Es wäre ja auch ganz undenkbar, daß das letztere Kernstück jedes Ausnahmerechts, die Konzentration der vollziehenden Gewalt, durch die Weimarer Reichsverfassung versagt sein sollte; kein Vertreter der herrschenden Lehre zögert, es dem Reichspräsidenten zuzubilligen[1]).

[1]) Vgl. statt anderer das R.G. Entsch. Strafs. Bd. 56 S. 189. — Die herrschende Lehre setzt sich damit freilich in einen unlösbaren Widerspruch mit sich selbst, wie die folgenden Ausführungen des Textes dartun. Ueber den inneren Widerspruch täuschen dann häufig Trugschlüsse der S. 105 Anm. 1 angedeuteten Art hinweg. Stier-Somlo, Reichs- u. Landesstaatsrecht I S. 671 ist der erste, der eine freilich undeutliche Einwendung gegen die Uebertragung der vollziehenden Gewalt macht.

Nun bedeutet aber die Konzentration der vollziehenden Gewalt für die Weimarer Reichsverfassung ebenso wie für die Verfassung Bismarcks eine Durchbrechung der regelmäßigen Reichsorganisation. Denn die Art. 56, 57 der R.V. sehen eine Verteilung der vollziehenden Gewalt zwischen Gesamtministerium, Reichskanzler und Fachminister vor, der jede Konzentration der vollziehenden Gewalt an einer Stelle zuwiderläuft. Wird beispielsweise die vollziehende Gewalt auf den Reichswehrminister übertragen, so sind die nachgeordneten Stellen aller übrigen Reichsminister dem Reichswehrminister gehorsampflichtig, die anderen Fachminister sind also nicht mehr in der Lage, den ihnen anvertrauten Geschäftszweig selbständig zu leiten. Ebenso durchbricht die Konzentration der vollziehenden Gewalt die in Art. 5, 14, 15, 78 ff. geregelte verfassungsmäßige Verteilung der Verwaltung zwischen Reich und Ländern. Denn die vollziehende Gewalt der Länder geht dann im ganzen Umfang auf ein Reichsorgan über, wird ausnahmslos unmittelbare Reichsverwaltung, also nicht nur, soweit es sich um Ausführung der Reichsgesetze handelt, wo nach der herrschenden Deutung des Art. 14 ein einfaches Reichsgesetz zur Einführung der reichsunmittelbaren Verwaltung genügt, sondern auch auf dem Gebiet der sog. reichsfreien Landesverwaltung, auch da, wo überhaupt keine Reichsgesetze bestehen und wo zweifellos eine reguläre Einführung von Reichsverwaltung nur im Wege des verfassungsändernden Reichsgesetzes möglich wäre. Die Uebertragung der vollziehenden Gewalt auf ein Reichsorgan bedeutet also eine Durchbrechung der Reichsverfassung und zwar, da eine Mehrheit von Tatbeständen umfaßt wird, eine rechtssatzmäßige Durchbrechung der Reichsverfassung auch für das gegenwärtig geltende Recht.

Da es nun andererseits unmöglich ist, die Generalklausel des Art. 48 Abs. 2 Satz 1 etwa ausschließlich auf den Fall der Uebertragung der vollziehenden Gewalt zu beziehen, so bleibt nur die Feststellung übrig, daß mit den dem Reichspräsidenten gestatteten Maßnahmen allgemein auch rechtssatzmäßige Durchbrechungen des organisatorischen Teils der Reichsverfassung zur Verfügung gestellt sind. Das ist allerdings eine Erweiterung gegenüber dem vorrevolutionären Recht (s. o. S. 114 f.), aber eine Erweiterung, die dem historisch-politischen Zusammenhang der beiden Reichsverfassungen durchaus entspricht.

Ein Schluß von der Durchbrechbarkeit des organisatorischen Teils der Reichsverfassung auf die Durchbrechbarkeit der Grundrechte ist dagegen um so weniger gestattet, als nach den Ausführungen oben S. 110 ff. bei den den Vorbehalt des Gesetzes aussprechenden Grundrechten eine rechtssatzmäßige Durchbrechung überhaupt nicht in Frage kommt. Bei ihnen kann. es sich nur um die Ausfüllung des Vorbehalts des Gesetzes, um eine Außerkraftsetzung oder um eine Verfassungsänderung im Sinne einer Aenderung der Verfassungsurkunde handeln. Art. 48 Abs. 2 Satz 2 bestimmt nun ausdrücklich, daß sieben einzeln aufgezählte Grundrechtsartikel vom Reichspräsidenten außer Kraft gesetzt werden können. Dieser Rechtssatz gestattet den Gegenschluß: andere Grundrechtsartikel dürfen nicht außer Kraft gesetzt, kein Grundrechtsartikel darf geändert werden. Das ist in der Tat geltendes Recht; dem Reichspräsidenten ist damit, da seine Maßnahmen nach unseren Ausführungen S. 110f. auch den Vorbehalt des Gesetzes nicht erfüllen können, jeder Eingriff in die nicht aufgezählten Grundrechte, sei es im Wege der Verordnung, sei es im Wege der Einzelverfügung verschlossen. Dagegen kann niemals mit der herrschenden Lehre aus Art. 48 Abs. 2 Satz 2 per argumentum e contrario der allgemeine Satz abgeleitet werden, daß alle nicht ausdrücklich aufgezählten Verfassungsartikel dem Eingriff des Reichspräsidenten entzogen seien. Bei dieser Schlußfolgerung werden die Unterschiede zwischen Verfassungsänderung, Verfassungssuspension und Verfassungsdurchbrechung ebenso wie die zwischen Grundrechten und organisatorischen Bestimmungen einer Verfassung übersehen[1]. Von der Außerkraftsetzung eines Grundrechts läßt sich kein Schluß auf die Durchbrechung einer organisatorischen Verfassungsbestimmung ziehen. So versagt das argumentum e contrario der herrschenden Lehre nicht weniger als die Berufung auf den historisch-politischen Zusammenhang.

Das Verhältnis der in Art. 48 Abs. 2 dem Reichspräsidenten zur Verfügung gestellten Maßnahmen zu den übrigen Verfassungsartikeln ist nach den vorstehenden Untersuchungen ein anderes, als die herrschende Lehre annimmt: Der Reichspräsident kann auf Grund Art. 48 Abs. 2 R.V. unbestrittenermaßen die dort aufgezählten Grundrechte außer Kraft setzen, während ihm Eingriffe in die übrigen das Verhältnis des Staats zum Bürger regelnden Grundrechte sowohl im Wege der Verfügung wie im Wege der Verordnung versagt bleiben. Der

[1]) Grau, Diktaturgewalt S. 54 Anm. 1 glaubt, dies durch den Hinweis darauf entkräften zu können, daß der 2. Hauptteil der Reichsverfassung gar nicht „Grundrechte", sondern „Grundrechte und Grundpflichten" überschrieben sei. Hier handelt es sich aber nicht um den formalen Gegensatz zwischen 1. und 2. Hauptteil der Verfassung, sondern um den dogmatischen zwischen Organisationsnormen (plan of government) und Grundrechten (bill of rights). Erstere finden sich auch im 2. Hauptteil der Reichsverfassung (Art. 165), letztere auch im 1. Hauptteil (Art. 105).

Reichspräsident kann weiter durch Verfügung wie Rechtsverordnung die den organisatiorischen Aufbau des Reichs betreffenden Verfassungsartikel durchbrechen, d. h. unter Fortgeltung des verfassungsmäßigen Grundsatzes abweichende Anordnungen allgemeiner Art oder für den Einzelfall geben. Dabei bleibt aber eine Durchbrechung derjenigen organisatorischen Verfassungsartikel ausgeschlossen, deren ungehemmte Weitergeltung Art. 48 selbst voraussetzt, was vor allem für die den Reichspräsidenten selbst, die Reichsregierung, das Institut der Gegenzeichnung und die den Reichstag betreffenden Artikel zu beachten ist; insoweit rechnet Art. 48 mit einem verfassungsmäßigen Funktionieren der Reichsorganisation, und dieser Wille der Verfassung muß maßgebend bleiben. Eine Abänderung oder Aufhebung eines Verfassungsrechtsatzes im Sinne einer Aenderung der Verfassungsurkunde endlich ist dem Reichspräsidenten durch Art. 48 Abs. 2 ebensowenig gestattet, wie dies in der Bismarckschen Verfassung zulässig war. Da die Maßnahmen des Reichspräsidenten unter der ausschließlichen Zweckbestimmung der wiederherzustellenden Sicherheit und Ordnung stehen und diese Sicherheit und Ordnung im Sinne der bestehenden Verfassung zu deuten ist (vgl. hierüber Carl Schmitt), so können als solche Maßnahmen Aenderungen der Verfassungsurkunde niemals in Frage kommen. Hierfür steht in der Tat nur der Weg des Art. 76 R.V. offen.

Man kann sich des Eindrucks nicht erwehren, als ob trotz des vielfach weitergehenden Wortlautes die meisten Aeußerungen über die unbedingte Schranke der Verfassungsartikel für die Maßnahmen aus Art. 48 Abs. 2 (s. o. S. 105 ff.) in Wahrheit nur den zuletzt erwähnten Punkt im Sinne haben, nämlich den unbedingten Ausschluß einer Aenderung der Verfassungsurkunde. Jedenfalls ist nur in diesem Kern die herrschende Lehre zutreffend.

5. An der Hand der im vorstehenden entwickelten Ergebnisse erscheint die bisherige Praxis der Reichsregierung, deren Verordnungen nach Art. 48 Abs. 2 vom Standpunkt der herrschenden Lehre aus zum großen Teil für ungültig erklärt werden müßten, in weitem Umfang gerechtfertigt.

Gültig sind vor allem die die Art. 5, 14, 15, 56, 57 durchbrechenden Verordnungen über den Uebergang der vollziehenden Gewalt — sei es als sogen. Militärdiktatur auf den Reichswehrminister, der sie auf die Militärbefehlshaber übertragen kann[1]),

---

[1]) Beispiele: Verordnungen vom 11. und 13. Januar 1920; 23. Juli 1920 (S. 1477); 26. September 1923 (S. 905). Die Verordnung vom 28. Februar 1924 (S. 152) verwendet hierfür wie für den in der folgenden Anmerkung erwähnten Fall den Ausdruck „militärischer Ausnahmezustand“.

oder unmittelbar auf den als Chef der Heeresleitung fungierenden General[1]) — sei es als sogen. Zivildiktatur auf einen Zivilkommissar[2]). Gültig sind weiter die die Art. 5 und 17 der RV. durchbrechenden Verordnungen, in denen Landesregierungen, einzelne Mitglieder von solchen, Landes- und Gemeindebeamte ihrer Stellung enthoben und Reichskommissare mit der Führung ihrer Dienstgeschäfte betraut werden[3]). Auch die Verordnung

---

[1]) Verordnung vom 8. November 1923 (S. 1043).

[2]) Die Uebertragung der vollziehenden Gewalt geschieht hier meist in der Form, daß alle Verwaltungsbehörden den Befehlen des Kommissars unterstellt werden. Dabei wird dieser aber regelmäßig gleichzeitig auch noch zu Ausnahmemaßnahmen nach Art. 48 II ermächtigt, so daß er eine über die normale vollziehende Gewalt hinausgehende Befehlsgewalt erhält. Zur größeren Klarheit wäre eine besondere Uebertragung auch der normalen vollziehenden Gewalt anzuraten.

Als Zivilkommissare fungieren meist vom Reichsminister des Innern zu ernennende Regierungskommissare (Beispiele: Verordnungen vom 11. April 1920, S. 479; 6. September 1920, S. 1659; 5. Mai 1920, S. 887; 24. März 1921), gelegentlich auch der Reichsminister des Innern selbst (Verordnung vom 28. Februar 1924, S. 152).

[3]) Verordnung vom 22. März 1920 (S. 343) gegen Thüringen und vom 29. Oktober 1923 (S. 995) gegen Sachsen.

Die am 29. Oktober 1923 erfolgte Absetzung der sächsischen Regierung läßt sich nicht auf Art. 48 Abs. 1 gründen, obgleich die Reichsregierung augenscheinlich anfangs daran gedacht und der von der Reichsregierung zum Reichskommissar für Sachsen ernannte Dr. Heinze wenigstens anfänglich sich auf Art. 48 Abs. 1 berufen hat. Hugo Preuß hat im 8 Uhr Abendbl. vom 19. Oktober 1923 sofort auf den entscheidenden Gesichtspunkt hingewiesen, daß die Voraussetzung des Art. 48 Abs. 1: Verletzung einer dem Reich gegenüber bestehenden Pflicht des Landes fehlte. Die Gefahr einer Pflichtverletzung ist noch keine Pflichtverletzung. Erscheint gleichwohl ein Einschreiten geboten, so kann dies bei Erfüllung der entsprechenden Voraussetzungen nur auf Art. 48 Abs. 2 gestützt werden. Dazu kommt, daß nach der von Triepel, Streitigkeiten zwischen Reich und Ländern, Festschrift für Kahl 1923 vertretenen Ansicht der Rechtsexekution aus Art. 48 erst der Richterspruch nach Art. 13 Abs. 2, 15 Abs. 3 Satz 2 oder 19 RV. vorausgehen müßte. Die endgültig maßgebend gewordene Fassung der im Reichsgesetzblatt publizierten Verordnung vom 29. Okt. 1923 stützt sich denn auch auf Art. 48 Abs. 2. Das bringt die zur Verordnung gehörige, vom Reichspräsidenten mit unterzeichnete Ueberschrift zum Ausdruck. Man kann demgegenüber nicht darauf hinweisen, daß der Text der Verordnung ganz allgemein auf Art. 48, nicht auf Art. 48 Abs. 2 Bezug nehme. Denn es ist das ganz regelmäßige Bild, daß der Reichspräsident bei seinen Verordnungen aus Art. 48 Abs. 2 auch dort, wo eine Reichsexekution nach Art. 48 Abs. 1 in keiner Weise in Frage kommt, nur in der Ueberschrift Abs. 2 ausdrücklich nennt, während im Text lediglich Art. 48 angezogen wird. Es ist eine Ausnahme, wenn sich eine Verordnung wie die vom 3. März 1923 (S. 159) auch im Text auf Art. 48 Abs. 2 bezieht. Daß der Abs. 2 vom Art. 48 gemeint ist, bringt das im Text der Verordnung regelmäßig folgende „zur Wiederherstellung der öffentlichen Sicherheit und Ordnung" zum Ausdruck. Dieser Zusatz findet sich auch in der Verordnung vom 29. Oktober 1923. Im übrigen ist die Verordnung vom 29. Oktober 1923 mit der Ueberschrift dem Reichstag zur Kenntnis

vom 22. Mai 1923 (S. 299), die bis auf weiteres eine Abweichung von dem in § 36 der Oldenburger Verfassung vorgeschriebenen Gesetzespublikationsverfahren gestattet, begegnet keinem Bedenken. Dasselbe gilt von den typisch wiederkehrenden Verordnungen, die presspolizeiliche, vereins- und versammlungspolizeiliche Vorschriften geben und dann die Durchführung auf Reichsorgane übertragen, während sonst Presspolizei, Vereins- und Versammlungspolizei in Landesverwaltung stehen [1]). Bei diesen Verordnungen ist die Ungültigkeit wegen Verfassungsverletzung zum ersten Male behauptet worden: gerade hier kommt aber zunächst Art. 14 der RV. in Frage, der nach der herrschenden Auslegung auf den durch Reichsgesetz geregelten

---

vorgelegt worden (Reichstagsdrucks. Nr. 6295), und das Begleitschreiben vom 5. November 1923 lautet: „Im Auftrage des Herrn Reichspräsidenten beehre ich mich, dem Reichstag gemäß Art. 48 Abs. 3 der RV. von der Verordnung des Reichspräsidenten auf Grund des Art. 48 Abs. 2 der RV. Kenntnis zu geben."

Die in den Verordnungen zur Verfügung gestellten Amtsenthebungen finden nach dem vorher Ausgeführten ihre Schranken an dem nicht suspendierbaren Grundrechtsartikel 129. Doch werden sich daraus praktisch keine Schwierigkeiten ergeben, da es sich bei der Amtsenthebung regelmäßig um politische Beamte handeln wird.

Bedenklich erscheint dagegen bei dem Vorgehen gegen Sachsen Ende Oktober 1923 die Bekm. des Militärbefehlshabers vom 29. Oktober 1923: „In Ausübung der vollziehenden Gewalt verordne ich: Bis auf weiteres tritt der Landtag nicht zusammen." Dazu war der Militärbefehlshaber kraft des Uebergangs der vollziehenden Gewalt, die als normale intra legem übergeht, jedenfalls nicht ermächtigt. Das kann nur der Reichspräsident selbst als Ausnahmemaßnahme nach Art. 48 Abs. 2 verfügen; und der Befehl des Militärbefehlshaber würde nur gedeckt sein, wenn er auf eine Anordnung des Reichspräsidenten entsprechenden Inhalts zurückginge. (Hier spielt die Frage der sog. Subdelegation hinein, wegen deren auf die meines Erachtens zutreffende Entscheidung des Reichsgerichts, Strafs. 56. Bd. S. 165 verwiesen werden kann.) Vgl. zum Vorstehenden jetzt auch Preuß, Um die Reichsverfassung, Berlin 1924 S. 39ff.; Stier-Somlo, Reichs- und Landesstaatsrecht I S. 616f.

[1]) An der Spitze die Verordnung vom 29. August 1921 (S. 1239) mit der Verordnung vom 30. August 1921 und den Ausführungsbestimmungen des Reichsministers des Innern vom gleichen Tage, die den Widerstand Bayerns auslösten und schließlich durch die Verordnung vom 28. September 1921 (S. 1271) außer Kraft gesetzt wurden: An Stelle der Zuständigkeit der Reichsorgane tritt wieder die Zuständigkeit der Landesbehörden, der Reichsminister des Innern erhält nur das Recht die Landesbehörden um ihr Einschreiten zu ersuchen mit der Folge, daß in Konfliktsfällen ein Ausschuß entscheidet.

Verordnungen ähnlichen Inhalts sind die Verordnungen zum Schutze der Republik vom 26. Januar 1922; die Verordnung vom 17. April 1923 (S. 251), vom 10. August 1923 u. a. m.

Die Uebertragung einzelner Verwaltungsaufgaben auf Reichsstellen bringt auch die Stillegungsverordnung vom 10. November 1920, durch die der Reichsminister des Innern berechtigt wird, Notstandsarbeiten und Notstandsversorgung zu sichern, sowie alle Verwaltungsmaßnahmen zu treffen, die zur Versorgung der Bevölkerung oder zur Weiterführung der Betriebe geeignet sind.

Gebieten die Uebertragung der Landesverwaltung auf das Reich im Wege des einfachen Gesetzes gestattet. Die Frage spitzt sich also vorerst darauf zu, ob Verordnungen auf Grund Art. 48 Abs. 2 als Reichsgesetze im Sinne des Art. 14 angesehen werden können. Erst wenn das — wie richtig — verneint ist, hat man über die Zulässigkeit der Verfassungsdurchbrechung — meines Erachtens bejahend — zu entscheiden.

Um ein Beispiel einer wegen Verletzung der Reichsverfassung ungültigen Diktaturverordnung zu finden, muß man schon auf die Praxis der Landesregierungen auf Grund Art. 48 Abs. 4 RV. zurückgehen, für die die oben unter 4 entwickelten Schranken der Reichsverfassung in gleicher Weise gelten wie für den Reichspräsidenten. In der Sächs. Staatszeitung vom 8. Oktober 1923 ist eine Verordnung des Sächs. Gesamtministeriums vom gleichen Tage „über Erhaltung der Arbeitnehmer in den Betrieben“ veröffentlicht. Die Verordnung stützt sich auf Art. 48 Abs. 4 der RV. und bestimmt in den Grundzügen, daß Entlassungen von Arbeitnehmern nur mit behördlicher Erlaubnis zulässig seien, daß eine Arbeitsstreckung bis zu 8 Stunden in der Woche stattfinden müsse, ehe Entlassungen genehmigt werden dürften und daß im Falle der Genehmigung einer Entlassung für alle Arbeitnehmer unbekümmert um gesetzliche oder vereinbarte Kündigungsbestimmungen eine 14 tägige Kündigungsfrist gelte. Mindestens die letzte Vorschrift verstößt gegen die in Art. 152 Abs. 1 der RV. gewährleistete Vertragsfreiheit. Denn so wenig man sich bei der Verfassungsberatung ein scharfes Bild von der Bedeutung dieses Artikels gemacht hat,[1]) so folgt doch aus dem Zusammenhang des Art. 152 mit den das Eigentum und das Erbrecht gewährleistenden Art. 153, 154 RV. daß man die privatrechtliche Vertragsfreiheit, wie sie sich nach dem jeweiligen Stande der Gesetzgebung darstellt, zwecks Sicherung und Regulierung der wirtschaftlichen Einzelbestätigung verfassungsmäßig gewährleisten wollte. Die sächsische Verordnung aber hebt die nach dem geltenden Schuldrecht zulässigen Vereinbarungen über Kündigungsfristen (etwa von 8 Tagen oder 3 Wochen) auf und setzt an ihre Stelle ebenso wie an die Stelle der im BGB., HGB., Gew.O. vorgeschriebenen Kündigungsfristen eine zwingende gesetzliche Kündigungsfrist von 14 Tagen. Da eine Suspension des Art. 152 RV. in Art. 48 Abs. 2 Satz 2 nicht zur Verfügung gestellt, andererseits nach unseren Ausführungen oben S. 110f. eine Verordnung auf Grund Art. 48 auch nicht in der Lage ist, den Vorbehalt des Gesetzes auszufüllen, so ergibt sich die

---

[1]) Vgl. Abg. Sinzheimer in der Nationalversammlung, Sten. Ber. S. 1748f.; Protokolle des Verfassungsausschußes S. 387.

Ungültigkeit der sächsischen Verordnung wegen Verletzung des Art. 152 RV.[1]). Auch der Reichspräsident könnte eine derartige Verordnung auf Grund des Art. 48 Abs. 2 nicht mehr erlassen, im Gegensatz zum militärischen Befehlshaber vor der Revolution nach § 9 b BZG., dem ein dem Art. 152 entsprechendes Grundrecht noch nicht gegenüberstand. Es ist bezeichnend, daß die Einführung von ähnlichen Kündigungsbeschränkungen wie denen der sächsischen Verordnung im Reich durch die Verordnung vom 15. Oktober 1923 über Betriebsstillegung und Arbeitsstreckung auf Grund des sog. ersten Ermächtigungsgesetzes vom 13. Oktober 1923 erfolgt ist, welches Abweichungen von allen Grundrechten gestattete. Das Ergebnis, daß schon wegen Art. 152, 154 der Reichsverfassung der Reichspräsident nicht in der Lage ist, auf Grund Art. 48 Abs. 2 ein neues Schuldrecht, ein neues Erbrecht zu verfügen, ist jedenfalls nur zu billigen.

II.

Soweit nach den Untersuchungen unter I die Verfassungsbestimmungen außerhalb des Art. 48 eine Schranke für die Diktaturgewalt des Reichspräsidenten bedeuten, ist eine dagegen verstoßende Verordnung oder Verfügung des Reichspräsidenten ungültig. Zur Anwendung der Verordnung berufene Gerichte oder Verwaltungsbehörden sind berechtigt und verpflichtet, sie daraufhin zu prüfen und ihr gegebenenfalls die Anerkennung der Rechtsbeständigkeit zu verweigern.

Im übrigen wird ein Nachprüfungsrecht bezüglich der Maßnahmen aus Art. 48 Abs. 2 — das Entsprechende gilt für Maßnahmen aus Art. 48 Abs. 4 — ganz überwiegend verneint. Erst neuerdings hat das Bedürfnis nach rechtsstaatlichen Sicherungen Hugo Preuß, (Reichsverfassungsmäßige Diktatur, Zeitschrift für Politik Bd. 13, Heft 2) veranlaßt, ein erweitertes Prüfungsrecht zu befürworten. So gern man hier angesichts der Ergebnisse unter I mitgehen möchte, erweist doch eine nähere Untersuchung, daß sich weder hinsichtlich der Voraussetzungen — erhebliche Gefährdung der öffentlichen Sicherheit und Ordnung, Gefahr in Verzug — noch hinsichtlich der Notwendigkeit oder Zweckmäßigkeit der Maßnahmen aus Art. 48 Abs. 2 und 4 zur Wiederherstellung der öffentlichen Sicherheit und Ordnung ein Nachprüfungsrecht der Gerichte oder Verwaltungsbehörden rechtfertigen läßt.

---

[1]) Die Reichsregierung, die gegen die sächsische Verordnung eingeschritten ist, hat den im Text enthaltenen Standpunkt nicht eingenommen. Vgl. hierüber unten S. 132.

Die sächsische Verordnung ist als Drucksache Nr. 6308 dem Reichstag vorgelegt und von diesem zur Kenntnis genommen worden.

1. Freilich kann man sich nicht mit dem Hinweis auf die Tatsache begnügen, daß der Reichspräsident unmittelbares Reichsorgan sei, „dessen Wesenheit eben in der Unkontrollierbarkeit der Ermessensausübung besteht“ (so Hatschek, Deutsches und Preuß. Staatsrecht, Bd. 2, S. 172); denn es fragt sich ja gerade, ob der Reichspräsident in den angegebenen Richtungen ein freies Ermessen haben soll. Auch die oft angestellte Erwägung,[1]) die Richter seien nicht in der Lage, sich über jene Fragen der Voraussetzungen und der Mittel ein Urteil zu bilden, sie seien zur Entscheidung solcher Fragen ungeeignet, ist nicht zwingend. Es kann hier auf alles das verwiesen werden, was Heinrich Triepel, Streitigkeiten zwischen Reich und Ländern in der Festschrift für Kahl so eindringlich ausgeführt hat, daß nämlich die Richter oft genug über politische, wirtschaftliche, soziale Interessenfragen größten Ausmaßes zu entscheiden haben und daß das Gericht ja auch in der Lage ist, Sachverständige heranzuziehen — wenngleich es zu denken gibt, daß hier als Sachverständige häufig doch nur Mitglieder der Reichsregierung bezw. der Landesregierungen selbst in Frage kommen würden, weil nur sie ein richtiges Gesamtbild von der fraglichen politischen Situation haben können.

Wenn man weiter darauf hinweist, aus Art. 48 Abs. 3 und 4 folge der Wille der Reichsverfassung, gegenüber den Maßnahmen nach Art. 48 Abs. 2 und 4 nur eine politische Kontrolle durch den Reichstag bezw. durch Reichspräsidenten oder Reichstag eintreten zu lassen, wenn man es für unerträglich erklärt, daß eine vom Reichstag gebilligte Verordnung später vom Richter als ungültig behandelt werde[2]), so ist daran richtig, daß es in der Tat auf den Willen des Gesetzgebers ankommt, ob eine Nachprüfung in den angegebenen Richtungen zulässig sein soll oder nicht. Dieser Wille ist aber aus der Einfügung einer politischen Kontrolle noch nicht zwingend in dem Sinne zu erschließen, daß nun jede andere Kontrolle verneint sein müßte. Es fragt sich gleichwohl noch, ob die politische Kontrolle ausschließlich gemeint ist oder nicht. An sich ist es sehr wohl denkbar, daß neben der politischen Kontrolle noch eine Rechtskontrolle gewollt ist, damit das Parlament, das ja durch die Entscheidung und die Handhabung der politischen Kontrolle insoweit Herr der Diktatur wird, wieder seinerseits kontrolliert werde; und der Erfolg, daß eine vom Reichstag

---

[1]) Grau, Diktaturgewalt S. 154; vgl. auch die Literatur und Judikatur über dieselbe Frage bei den Verordnungen auf Grund § 9 b BZG., Art. 68 R.V. v. 16. 4. 1871, Pürschel, Belagerungszustand S. 211 ff.

[2]) So Grau, Diktaturgewalt S. 154; auch Strupp, Archiv d. öff. R. N. F. 5. Bd. S. 204 f.

unbeanstandet gelassene Verordnung vom Richter für ungültig erklärt wird, kann gerade das sein, was man will. Uebrigens ist es ohnehin schon denkbar, daß dieses Ergebnis sich einstellt, insofern ein Nachprüfungsrecht hinsichtlich der Verfassungsschranke ja allgemein anerkannt ist und demnach hier eine vom Reichstag unbeanstandet gelassene Verordnung nachträglich von der Praxis als ungültig behandelt werden kann. [1])

2. Der Wille des Verfassungsgesetzgebers muß, da auf andere Weise eine zwingende Auslegung nicht zu erzielen ist, im Wege der Interessenabwägung ermittelt werden. Dabei ergibt sich nun allerdings der Ausschluß der Nachprüfung sowohl rücksichtlich der Voraussetzungen wie rücksichtlich der Notwendigkeit und Zweckmäßigkeit der verwandten Mittel. Denn welche Interessen auch für die richterliche Nachprüfung ins Feld geführt werden mögen, sie werden überwogen durch das Interesse des Staates an der Diktatur selbst, und diese würde illusorisch werden, wenn gegenüber jeder Anordnung des Diktators ein Prüfungsrecht in den angegebenen Richtungen einsetzen könnte. Gerade hier muß ein schnelles und sicheres Arbeiten gewährleistet sein, und infolgedessen kann n u r das pflichtgemäße Ermessen der handelnden Stelle entscheiden, politisch kontrolliert vom Reichstag und evtl. vom Reichspräsidenten. Einheitlichkeit der Staatslenkung ist in solchen Ausnahmefällen doppelt nötig; damit ist die Nachprüfung durch ein außerhalb der politischen Leitung stehendes Organ unverträglich. Der Verfassungsgesetzgeber würde das Wesentliche der ganzen Ausnahmeregelung vernichten, sich also mit sich selbst in Widerspruch setzen, wenn er das Prüfungsrecht gewähren wollte.

Mit den vorstehenden Erwägungen ist die Ausschließlichkeit des politischen Nachprüfungsrechtes auch hinsichtlich des „vorübergehend“ in Art. 48 Abs. 2 Satz 2, des „einstweilig“ in Art. 48 Abs. 4 und vor allem hinsichtlich der Frage anerkannt, ob die einzelne Diktaturmaßnahme durch die Zweckbestimmung auf die Wiederherstellung der Sicherheit getragen ist. Gerade in letzterer Hinsicht macht sich namentlich seit dem Jahre 1923 ein Mißbrauch des Art. 48 geltend, indem man ihn zum Erlaß von Verordnungen benutzt, die nicht in der Richtung des Sicherungszweckes liegen, die keine „Maßnahmen“ in dem von Carl Schmitt entwickelten Sinne bedeuten. Auf diese Weise verschafft man sich die Möglichkeiten einer vereinfachten Ge-

---

[1]) Man denke etwa an die oben behandelte Sächsische Verordnung am 8. Oktober 1920. — An diesem Punkte zeigt sich gerade der Gegensatz zwischen den Diktaturverordnungen und einer echten Notverordnung. Die letztere erhält durch die „Genehmigung“ des Parlaments die Kraft des formellen Gesetzes.

setzgebung, wie sie etwa ein Ermächtigungsgesetz oder ein verfassungsmäßiges Notverordnungsrecht gewährt, welch letzteres aber die Weimarer Verfassung gerade nicht zur Verfügung gestellt hat. So sind zahlreiche Verordnungen auf Grund Art. 48 Abs. 2 offensichtlich als Dauergesetze gedacht, was dem Wesen einer Notverordnung, aber nicht dem einer Diktaturmaßnahme entspricht; man denke an die Verordnung vom 30. Mai 1920 mit ihrer Strafdrohung für die Aufforderung zum Ungehorsam gegenüber Angehörigen der Reichswehr, die Verordnung vom 24. Mai 1921 (S. 711) über das Verbot militärischer Verbände, die Verordnung vom 30. August 1921 mit dem Verbot des Tragens der Militäruniform, die Verordnung vom 15. September 1923 (S. 879) mit der Strafdrohung für Aufreizung zur Verweigerung der Steuerpflicht oder sonstiger öffentlicher Verpflichtungen, die Verordnung über die Aburteilung der Landesverrats- und Spionagefälle durch die Oberlandesgerichte vom 12. Dezember 1923 (S. 1197), die Verordnung zum Schutze des Funkverkehrs vom 8. März 1924 u. a.. Besonders bezeichnend für die Ausnutzung des Art. 48 zu Dauerregelungen ist die noch heute geltende Verordnung über die Stillegung lebenswichtiger Betriebe: In den Verordnungen vom 13. Januar 1920, 29. Januar 1920 waren bereits mit Rücksicht auf die politische Lage vorübergehende Verbote der Betriebsstilllegung ausgesprochen worden, gegen die selbstverständlich nichts einzuwenden ist; im November 1920 entschloß man sich aber ausgesprochenermaßen dazu, eine Dauerregelung zu geben, indem bei der Vorlegung der Verordnung vom 10. November 1920 im Reichstag die Regierung ausdrücklich bemerkte, die Verordnung müsse bis zur gesetzlichen Regelung des Schlichtungsverfahrens aufrecht erhalten bleiben, und der Reichstag sich damit einverstanden erklärte. Nicht minder fragwürdig erscheint die Zweckbestimmung der Maßnahmen auf Wiederherstellung der öffentlichen Ordnung und Sicherheit bei denjenigen Verordnungen, die sich lediglich als eilige Maßnahmen der Finanzpolitik darstellen; man denke an die ganze mit Art. 48 Abs. 2 durchgeführte Devisen-[1]) und Rentenmarkgesetzgebung[2]).

[1]) Verordnung gegen die Spekulation in ausländischen Zahlungsmitteln vom 12. Oktober 1922; Verordnung über Handel mit ausländischen Zahlungsmitteln zum Einheitskurse vom 22. Juni 1923; Verordnung über Termingeschäfte und den Handel mit Dollarschatzanweisungen zum Einheitskurse vom 3. Juli 1923; V.O. betr. Verbot des Verkaufs von Reichsmark in das Ausland vom 9. August 1923; V.O. über die Abführung ausländischer Vermögensgegenstände vom 25. August 1923; V.O. über Devisenerfassung vom 7. September 1923 usw.

[2]) V.O. über zeitweise Verweigerung von Leistungen auf Grund eines außerdeutschen Kurses der Reichsmark vom 5. November 1923; V.O. über die Verpflichtung zur Annahme von Reichsmark bei Inlandsgeschäften

Weiter ist es bezeichnend, daß die Reichsregierung gelegentlich der beiden Ermächtigungsgesetze von 1923 Verordnungen, die erst auf Grund Art. 48 Abs. 2 erlassen sind, nachträglich auf die Ermächtigungsgesetze stützt, die allerdings die Möglichkeit zur Aufstellung von Dauerrechtssätzen gewähren[1]). Umso bedenklicher muß es erscheinen, wenn auf Grund der Ermächtigungsgesetze ergangene Rechtssätze durch Verordnungen auf Grund Art. 48 Abs. 2 abgeändert und ergänzt werden, weil inzwischen die Ermächtigung abgelaufen ist[2]).

Gewiß läßt sich in allen diesen Fällen schließlich irgendwie ein Zusammenhang der Ausnahmeverordnung mit dem Zweck, die öffentliche Sicherheit wieder herzustellen, behaupten; das kann aber nicht darüber hinwegtäuschen, daß hier ein détournement de pouvoir stattfindet, und man fühlt sich versucht, aus diesem Grunde den Verordnungen die Anerkennung der Gültigkeit zu verweigern. Die Bejahung dieses Prüfungsrechtes würde aber wieder eine Verneinung der mit Art. 48 gewollten Möglichkeiten bedeuten, und so muß auch insoweit als Wille der Reichsverfassung angenommen werden, daß nur der Reichstag bezw. Reichstag und Reichspräsident die Kontrollmöglichkeit besitzen sollen. Man wird sich hier die vom Reichsgericht für das Verbot des militärischen Befehlshabers auf Grund des § 9b B.Z.G. in Verbindung mit Art. 68 der alten Reichsverfassung entwickelte Lehre aneignen können, wonach der Richter in allen Fällen, wo die Verordnung auf die Ermächtigung ausdrücklich Bezug nimmt oder sie in irgendeiner Weise ausdrücklich als durch den Sicherungszweck getragen bezeichnet, an diese Feststellung gebunden ist und in eine selbständige Nachprüfung nur eintreten darf, wenn eine solche

---

vom 7. November 1923; V.O. über die Ausprägung von Rentenpfennigen vom 8. November 1923; V.O. über Ausdehnung der Devisengesetzgebung auf Rentenmark, Goldanleihe und wertbeständiges Notgeld vom 16. November 1923; V.O. über die Aufbewahrung fremder Wertpapiere vom 21. November 1923; V.O. über die Umstellung des Postscheckverkehrs auf Rentenmark vom 23. November 1923 usw.

[1]) V.O. vom 13. und 18. Oktober über die Kohlenwirtschaft; V.O. vom 11. und 18. Oktober über Steueraufwertung und Vereinfachung im Besteuerungsverfahren; erste Steuernotverordnung vom 7. November 1923 (erlassen auf Grund Art. 48 Abs. 2), aufgehoben und auf Grund des Ermächtigungsgesetzes wieder in Kraft gesetzt durch die zweite Steuernotverordnung vom 19. Dezember 1923.

[2]) V.O. über Krankenhilfe bei den Krankenkassen vom 29. Nov. 1923; V.O. vom 6. Dezember 1923 zur Abänderung der Verordnung über Aussetzung der Zahlungen auf Sachleistungen vom 29. Oktober 1923; V.O. zur Ergänzung der Verordnung über die Flüssigmachung von Mitteln im Wege der Anleihe und über die Ausgabe von Schatzanweisungen vom 20. Oktobor 1923, vom 5. November 1923.

Erkennbarmachung des Sicherungszweckes fehlt[1]). In einem Falle des détournement de pouvoir ist freilich unbedingte Nichtigkeit und ein Nachprüfungsrecht jeder mit der Verordnung befaßten Stelle gegeben, das ist der von uns unter I behandelte Fall, wenn die Ausnahmeverordnung auf Grund Art. 48 Abs. 2 eine Aenderung der Verfassungsurkunde enthalten sollte (s. oben S. 122).

III.

Wenn aber auch nach den Ausführungen unter II die Rechtskontrolle der Ausnahmemaßnahmen in weitem Umfange mit Rücksicht auf die eigenartigen Bedürfnisse der Diktatur versagt bleiben und hier alles auf die politische Kontrolle durch den Reichstag bzw. den Reichspräsidenten abgestellt werden muß, so bedeutet es doch eine ungerechtfertigte Ueberspannung dieses Gedankens, zu behaupten, daß eine Anordnung auf Grund Art. 48 Abs. 2 oder Abs. 4 nur auf demselben Wege, wie sie erlassen worden sei, aufgehoben werden könne und daß die politische Kontrolle des Abs. 3 und 4 die einzige Möglichkeit bedeute, um einen Anstoß zur Aufhebung der Maßnahmen zu geben[2]).

Die Bestimmungen in Art. 48 Abs. 3 und 4, wonach die Maßnahmen des Reichspräsidenten auf Verlangen des Reichstags, die Maßnahmen der Landesregierungen auf Verlangen des Reichspräsidenten oder des Reichstags außer Kraft zu setzen sind, werden hier in einem anderen als dem unter II entwickelten Sinne als ausschließlich aufgefaßt, nämlich in dem, daß keine andere Stelle, nicht einmal ein Reichsgesetz, in der Lage sei, unmittelbar eine derartige Anordnung aus Art. 48 Abs. 2 oder Abs. 4 aufzuheben. Das hat die bedenklichsten Konsequenzen: der Reichspräsident ist zwar auf Verlangen des Reichstags verpflichtet, eine erlassene Verordnung zurückzunehmen, weigert er sich aber, diese Verpflichtung zu erfüllen — was man sich vielleicht nach einem ihm nicht genehmen Regierungswechsel vorstellen könnte — so ist in der Sache selbst nichts zu machen, denn nicht einmal ein Gesetz kann die Anordnung aufheben, und es hilft wenig, daß die Anklage nach Art. 59 R.V. gegen

---

[1]) Vgl. hierzu die zahlreichen Nachweise des Schrifttums und der Entscheidungen bei Pürschel; Belagerungszustand S. 242.

[2]) So mit großer Entschiedenheit Grau, Diktaturgewalt S. 19, 102f., 143, 163ff. auf der Grundlage einer verfehlten Konstruktion der Diktaturgewalt als einer der Gesetzgebung, Rechtsprechung und Verwaltung koordinierten Gewalt; im Ergebnis übereinstimmend Strupp, Archiv d. öff. Rechts N F. 5, Bd. S. 502f. und anscheinend auch Preuß, Z. f. Politik Bd. 13 S. 117ff. Neuerdings unzweideutig Bayr. Staatsgerichtshof vom 31. Januar 1924, Bayr. Rpfl. Z. 1924 S. 61 und Stier-Somlo, Reichs- und Landesstaatsrecht I S. 670.

den Reichspräsidenten möglich ist. Noch auffälliger sind die Konsequenzen bei Maßnahmen der Landesregierungen nach Art. 48 Abs. 4, namentlich wenn man sich der vielfach vertretenen hier nicht zur Erörterung stehenden Ansicht anschließt, daß die Landesregierungen bei den Maßnahmen aus Art. 48 Abs. 4 als Reichsorgane handeln und Reichswillen äußern[1]). Verletzt eine Landesregierung die reichsverfassungsmäßige Pflicht, auf Verlangen des Reichspräsidenten eine Ausnahmeverordnung aufzuheben, so kann nicht nur deren Fortgeltung nicht verhindert werden, sondern es versagen auch alle Mittel, um gegen die Landesregierung vorzugehen. Die Ministeranklage des Art 59 R.V. steht gegen Landesminister nicht zur Verfügung; Reichsaufsicht (Art. 15) und Reichsexekution (Art. 48 Abs. 1) kommen nicht in Frage, weil es sich bei den Anordnungen der Landesregierungen um Reichsakte handelt[2]); und eine landesrechtliche Ministeranklage versagt, weil die Landesminister hier als Reichsorgane gehandelt haben. Als einziger Ausweg aus allen diesen Schwierigkeiten bleibt die Aenderung der Reichsverfassung übrig.

Der Fehler liegt in jener Annahme der Ausschließlichkeit. Was für diese Behauptung als Begründung angeführt wird, bleibt ungenügend[3]). Wenn man sagt, es soll ein unmittelbares Eingreifen des Parlaments bzw. des Reichspräsidenten in die Regierungstätigkeit vermieden werden, so widerspricht dem die Ausgestaltung der politischen Kontrolle selbst. Reichspräsident und Landesregierung sind ja unbestrittenermaßen verpflichtet, auf Verlangen des Reichstags bzw. des Reichspräsidenten die getroffenen Maßnahmen außer Kraft zu setzen, so daß sich doch der Wille des Parlaments bzw. des Reichspräsidenten gegenüber der Regierung durchsetzt. Oder will man im Ernst annehmen, daß die Verfassung eine evtl. Pflichtverletzung des Reichspräsidenten oder der Landesregierung gegenüber dem Aufhebungsverlangen in Rechnung stelle? Noch viel weniger kann der gelegentliche Hinweis auf Schonungsabsichten, auf eine gewisse Courtoisie im Verhältnis von Regierung und

[1]) Daß auch bei Annahme dieser Grundanschauung nicht alle daraus abgeleiteten Konsequenzen haltbar sind, führt Preuß, a. a. O. S. 110ff. aus. — Die Frage muß auf breiter Grundlage behandelt werden. Den Kern bildet der Gegensatz von Landesrecht in formellem Sinne (von Landesorganen formuliert) und Landesrecht in materiellen Sinne (auf nicht abgeleiteter Gesetzgebungsgewalt des Landes beruhend). Für die Auffassung als Reichsrecht Bayr. Staatsgerichtshof v. 31. Januar 1924, Bayr. Rpfl. Z. 1924 S. 60f.

[2]) So ausdrücklich Grau und Strupp a. a. O.; gerade diese Konsequenz ist wohl nicht zwingend, worauf Preuß a. a. O. S. 110f. aufmerksam macht.

[3]) Die folgenden Argumente finden sich in den zitierten Schriften zerstreut. Eine in sich geschlossene, aber m. E. im ganzen unhaltbare Begründung gibt Grau mit seiner oben S. 107 Anm. 2 erwähnten Konstruktion der Diktaturgewalt.

Parlament, von Landesregierung und Reichsleitung als Begründung der hier bekämpften Ansicht angesehen werden; das alles sind Behauptungen, die selbst erst wieder der Begründung bedürften.

Versagt der Nachweis für die Ausschließlichkeit der Aufhebungsmöglichkeiten nach Art. 48 Abs. 3 und 4, so erweisen sich die Verpflichtungen, auf Verlangen bestimmter Stellen die Maßnahmen aus Art. 48 Abs. 3 und 4 außer Kraft zu setzen, lediglich als ein verfassungsmäßig zur Verfügung gestellter besonders einfacher Weg für die Beseitigung der Maßnahmen. Im übrigen kommen für Verfügungen und Verordnungen auf Grund Art. 48 Abs. 2 und 4 sämtliche Aufhebungsgründe in Betracht, die sonst für Verfügungen und Verordnungen gelten, denn eine Verordnung auf Grund Art. 48 Abs. 2 oder Abs. 4 ist, wenn sie einen Rechtssatz enthält, als Rechtsverordnung innerhalb unseres Rechtssystems, nicht als eine besondere, außerhalb des übrigen Rechtssystems stehende Staatswillensäußerung aufzufassen, und das entsprechende gilt für Ausnahmeverfügungen[1]); will man auf einen Unterschied zwischen den Maßnahmen des Art. 48 und den gewöhnlichen Rechtsverordnungen und Verfügungen zukommen, so kann er nur darin bestehen, daß jenen geringere Wirkungskräfte innewohnen als diesen (vgl. hierüber Carl Schmitt).

Hiernach sind aber die Verordnungen und Verfügungen des Reichspräsidenten auf Grund Art. 48 Abs. 2 durch jedes spätere Reichsgesetz und durch jede spätere genügend delegierte Reichsverordnung aufhebbar, die Verordnungen und Verfügungen der Landesregierungen auf Grund Art. 48 Abs. 4 durch jedes spätere Reichsgesetz und durch jede spätere genügend delegierte Reichsverordnung — wenn nicht nach dem Grundsatz: Reichsrecht bricht Landrecht[2]), so doch sicher nach dem Grundsatz: lex posterior derogat legi priori. Als solche genügend delegierte Reichsverordnungen kommen etwa Verordnungen auf Grund eines entsprechenden Ermächtigungsgesetzes, gegenüber den Anordnungen der Landesregierungen auch Verordnungen des Reichspräsidenten nach Art. 48 Abs. 2 in Betracht, denn auch im Verhältnis der Verordnungen von Abs. 2 und Abs. 4 zueinander muß mindestens der Satz von der lex posterior gelten.

Allerdings ergibt sich damit theoretisch die Möglichkeit eines Kampfes in Rechtssätzen zwischen Reichspräsidenten und Reichstag oder zwischen Landesregierung, Reichspräsidenten

---

[1]) Anders die Konstruktion von Grau, s. die vorhergehenden Anmerkungen.

[2]) Ob dieser Grundsatz anwendbar bleibt, hängt von der Entscheidung der oben S. 128 Anm. 1 angedeuteten Frage ab. Vgl. aber auch Preuß a. a. O. S. 110.

und Reichstag; und man hat die Möglichkeit eines solchen „wahren Boxkampfes" als Argument gegen die von uns vertretene Lehre aufgeführt[1]). In der Tat ist es nach der von uns vertretenen Auffassung denkbar, daß der Reichstag durch Gesetz eine Ausnahmeverordnung aufhebt und der Reichspräsident sie auf Grund Art. 48 Abs. 2 neu erläßt oder daß der Reichspräsident mit Verordnung aus Abs. 2 eine Verordnung der Landesregierung nach Abs. 4 aufhebt, die dann die Landesregierung wieder erläßt, und so fort in infinitum, wobei für die Rechtsgeltung im Verhältnis zwischen allen diesen Rechtssätzen immer nur der Grundsatz der lex posterior entscheiden würde. Aber denselben oder einen ähnlichen Kampf kann man sich auch auf der Grundlage der verfassungsmäßigen politischen Nachprüfung konstruieren: die Maßnahme, die der Reichspräsident heute auf Verlangen des Reichstags aufgehoben hat, kann er morgen — vielleicht unter Behauptung einer veränderten Sachlage — erneut erlassen; und ebenso kann die Landesregierung eine Maßnahme heute ergreifen, die sie gestern auf Verlangen des Reichspräsidenten aufgehoben hat.

Wenn einmal Organe einer Verfassung, die zusammen nach einem Ziele arbeiten sollen, so weit sind, daß sie es auf einen Kampf gegeneinander ankommen lassen, so wird sie keine Verfassungsbestimmung daran hindern können. Alle Verfassungsbestimmungen setzen einen guten Willen der obersten Staatsorgane voraus und bauen auf ihrem Verantwortungsbewußtsein, ihrer Moral auf. Nutzen die obersten Staatsorgane — vielleicht unter Pochen auf das formale Recht — Verfassungsbestimmungen zu einem dem Sinn der Verfassung entgegengesetzten Zweck aus, so ist das ein Symptom für das bevorstehende Ende dieser Verfassung, wo nicht gar dieses Staates.

3. Die Praxis der Reichsregierung scheint sich nun freilich mit Entschiedenheit auf den Standpunkt der von uns bekämpften Ansicht zu stellen; denn es ist ganz offensichtlich, daß sie wiederholt Verordnungen auf Grund Art. 48 Abs. 2 durch ebensolche Verordnungen wieder aufgehoben hat, ohne von der naheliegenden Möglichkeit Gebrauch zu machen, die Aufhebung in einem ohnehin nötig werdenden Reichsgesetz oder einer ohnehin nötig werdenden genügend delegierten Reichsverordnung auszusprechen. So werden die auf Art. 48 Abs. 2 gegründeten Republikschutzverordnungen vom 26. und 29. Juni 1922 nicht durch das an ihre Stelle tretende Republikschutzgesetz vom 21. Juli 1922 (S. 590), sondern durch besondere Verordnung auf Grund Art. 48 vom 23. Juli 1922

---

[1]) So Grau a. a. O. S. 165, auf den der Vergleich mit dem Boxkampf zurückgeht.

(S. 630) aufgehoben. Die auf Grund Art. 48 erlassene Verordnung über die Kohlenwirtschaft vom 13. Oktober 1923 wird, als sie auf Grund des ersten Ermächtigungsgesetzes neu erlassen werden soll (vgl. hierüber oben S. 126 Anm. 1), vom Reichspräsidenten auf Grund Art. 48 aufgehoben und dann von der Reichsregierung neu erlassen, beides äußerlich in einer Verordnung vom 18. Oktober 1923 vereinigt, die aber mit den Worten beginnt: „Auf Grund des Art. 48 der R.V. wird hiermit vom Reichspräsidenten und auf Grund des Ermächtigungsgesetzes vom 13. Oktober 1923 von der Reichsregierung folgendes verordnet“, und die Unterschrift des Reichspräsidenten und der Reichsregierung trägt. Dasselbe Bild zeigt die ganz entsprechende Umgießung der Verordnung über Steueraufwertung vom 13. Oktober in die Verordnung vom 18. Oktober 1923; ein ähnliches die Ablösung der auf Art. 48 Abs. 2 gegründeten Verordnung über die Spekulation in ausländischen Zahlungsmitteln vom 12. Oktober 1922 durch die auf das Notgesetz gegründete Verordnung vom 8. Mai 1923, nur daß man hier äußerlich die beiden Verordnungen trennt: die eine Verordnung hebt die alte Verordnung auf, die andere erläßt sie neu, beide Verordnungen sind vom 8. Mai 1923 und unmittelbar hintereinander in derselben Nummer des Reichsgesetzblatts abgedruckt.

Liegt in allen diesen Fällen offensichtlich ein planmäßiges Festhalten des Gedankens vor, daß eine Verordnung des Reichspräsidenten auf Grund des Art. 48 durch eine Verordnung gleicher Art aufgehoben werden müsse, so findet sich die erste formale Durchbrechung dieses Grundsatzes, als die auf Grund Art. 48 Abs. 2 erlassene erste Steuernotverordnung vom 7. Dezember 1923 durch die auf das zweite Ermächtigungsgesetz gestützte zweite Steuernotverordnung vom 19. Dezember 1923 aufgehoben und auf Grund des Ermächtigungsgesetzes neu erlassen wird (s. o. S. 126 Anm. 1); hier erfolgt die Aufhebung der auf Grund Art. 48 Abs. 2 erlassenen Verordnung unmittelbar in der auf Grund des Ermächtigungsgesetzes von der Reichsregierung erlassenen, vom Reichskanzler und vom Reichsfinanzminister, n i c h t v o m R e i c h s p r ä s i d e n t e n gezeichneten Verordnung vom 19. Dezember 1923. Von praktischer Bedeutung ist es aber vor allem, daß das Reich sich gegenüber den Diktaturmaßnahmen der Landesregierungen mit Entschiedenheit auf den von uns vertretenen Standpunkt gestellt hat, wonach solche nicht nur durch die Landesregierungen selbst, sondern unmittelbar durch Maßnahmen des Reichspräsidenten auf Grund Art. 48 Abs. 2 außer Kraft gesetzt werden können. Das tritt in dem Konflikt zwischen dem Reich und Bayern vom Oktober 1923 zutage, in dem die bayerische Regierung natürlich den Standpunkt der von uns bekämpften Lehre vertritt. Besonders aufschlußreich ist aber auch das Schicksal einer in den Konflikt zwischen dem Reich und Sachsen hineinspielenden Verordnung, auf das im folgenden kurz eingegangen werden soll.

Am 8. Oktober 1923 erließ die sächsische Regierung auf Grund Art. 48 Abs. 4 die von uns unter anderem Gesichtspunkt bereits behandelte Verordnung über Erhaltung der Arbeitnehmer in den Betrieben (s. o. S. 121). Wenige Tage darauf veröffentlichte die Reichsregierung ihre auf das erste Ermächtigungsgesetz gestützte Verordnung über Betriebsstilllegung und Arbeitsstreckung vom 15. Oktober 1923, die schon ihrem Inhalt nach der sächsischen Verordnung derogiert, aber außerdem auch noch ausdrücklich die landesrechtlichen[1]) Vorschriften „über Erhaltung der Arbeitnehmer in den Betrieben" außer Kraft setzt, so daß an dem Willen der Reichsverordnung, die sächsische Verordnung aufzuheben, nicht gezweifelt werden kann. Gleichwohl veranlaßt darauf der sächsische Arbeitsminister in der Sächsischen Staatszeitung wiederholte offizielle Erklärungen, wonach er an der Fortgeltung der sächsischen Verordnung festhalte, und als der Reichsarbeitsminister auf eine Anfrage von Arbeitgeberseite durch ausführliches Telegramm die sächsische Verordnung als durch die Reichsverordnung aufgehoben bezeichnet, erläßt der sächsische Arbeitsminister in der sächsischen Staatszeitung die offizielle Erklärung, daß die Rechtsauffassung des Reichsarbeitsministeriums unrichtig sei. Der Konflikt wird erst mit der Absetzung der sächsischen Regierung (s. oben S. 119 Anm. 3) aus der Welt geschafft, indem der Reichskommissar für den Freistaat Sachsen am 30. Oktober bekannt macht: die sächsische Landesverordnung vom 8. Oktober 1923 ist durch die Reichs-V.O. vom 15. Oktober 1923 aufgehoben; vom 15. Oktober ab gelten nur noch die Bestimmungen der Reichsverordnung[2]). — Die Rechtsauffassung, auf die sich in diesem Konflikt die sächsische Regierung in erster Linie gestützt hat, ist die von uns bekämpfte, daß die Aufhebung einer Verordnung nach Art. 48 Abs. 4 nur durch die erlassende Stelle erfolgen könne; ein Aufhebungsverlangen sei vom Reichspräsidenten bzw. Reichstag nicht gestellt und die Verordnung von der Landesregierung

---

[1]) Die Reichsverordnung spricht in der Tat ausdrücklich von „landesrechtlichen" Bestimmungen, obwohl sie nach dem wörtlich angeführten Titel offensichtlich die sächsische Diktaturverordnung auf Grund Art. 48 Abs. 4 im Auge hat. Vgl. oben S. 128 Anm. 1.

[2]) Vgl. zum Vorstehenden Sächs. Staatszeitung 1923, Beilage zu Nr. 235 vom 8. Okt.; Beilage zu Nr. 238 v 11. Okt.; Nr. 243 v. 17. Okt. S. 4; Nr. 251 v. 26. Okt. S. 4; Nr. 252 v. 27. Okt. S. 7; 1. Beilage zu Nr. 254 v. 1. Nov.

nicht aufgehoben worden. Demgegenüber vertritt die Reichsregierung in allen ihren Erklärungen ausdrücklich den Standpunkt, daß die am 15. Oktober 1923 in Kraft getretene Reichsverordnung unmittelbar die sächsische Diktaturverordnung aufgehoben habe. Wir können praktisch dem Endergbnis nur deswegen nicht beitreten, weil nach der von uns oben S. 121f. entwickelten Meinung die sächsische Verordnung vom 8. Oktober 1923 wegen Verfassungsverletzung von Anfang an nichtig war, also überhaupt nicht gegolten hat.

IV.

Die zuletzt entwickelte Möglichkeit, die Ausnahmemaßnahmen durch ein Reichsgesetz oder eine genügend delegierte Reichsverordnuag aufzuheben, ist ein nicht zu unterschätzendes Gegenmittel gegen die Gefahren, die sich aus den weiten Ermächtigungen des Art. 48 Abs. 2 und Abs. 4 für die Rechtssicherheit ergeben können. Gleichwohl kann das in keiner Weise genügen, um die Forderungen, die man im Sinne des Rechtsstaates an das Ausnahmerecht zu stellen hat, zu befriedigen. Hier liegen die Aufgaben des in Art. 48 Abs. 5 vorgesehenen Ausführungsgesetzes.

1. Die größte Gefahr für die Rechtssicherheit besteht bei der gegenwärtigen, noch unvollständigen Regelung des Ausnahmerechts durch Art. 48 in der Tatsache, daß im Gegensatz zum vorrevolutionären Recht heute kraft der Generalklausel des Art. 48 Maßnahmen bis zu den schwersten Eingriffen bei jeder erheblichen Gefährdung der öffentlichen Sicherheit und Ordnung zur Verfügung stehen. Hier wird das Ausführungsgesetz in doppelter Richtung feste Linien ziehen müssen. Die schwersten Mittel des Ausnahmerechts: Konzentration der vollziehenden Gewalt, sei es auf einen Zivilkommissar oder einen Militärbefehlshaber, Suspension der Grundrechte, Bildung außerordentlicher Gerichte, dürfen nur unter besonders schweren Voraussetzungen, etwa bei Krieg, Kriegsgefahr, Aufruhr zur Verfügung stehen und müssen dann in einem ein für alle Mal festgelegten Umfang in Erscheinung treten, was nicht ausschließt, daß dabei feste Abstufungen verschiedenen Stärkegrades unterschieden werden. Die entscheidenden Stellen sollen sich nicht in jedem Einzelfall über die einzelnen zu ergreifenden Maßnahmen schlüssig zu werden brauchen, und andererseits sollen die ausführenden Stellen wie die Bürger von vornherein wissen, welche Rechtsverschiebungen sie zu gewärtigen haben. Dabei versteht es sich dann von selbst, daß ein formalisierter Akt notwendig wird, um den betreffenden fest umschriebenen Komplex von Ausnahmemaßnahmen in Wirksamkeit zu setzen.

Die Trommel oder die rote Fahne wird man dabei entbehren können, denkbar ist aber beispielsweise eine durch Verordnung des Reichspräsidenten bzw. der Landesregierung erfolgende ausdrückliche Erklärung des Ausnahmezustandes, wobei wieder zwischen leichtem, schwerem und verschärftem Ausnahmezustand geschieden werden könnte, im ersten Falle mit der Wirkung bloßer Suspension der Grundrechte, im zweiten Falle mit der Wirkung der Grundrechtssuspension und der Uebertragung der vollziehenden Gewalt auf einen Zivilkommissar, im dritten Falle mit der Wirkung der Grundrechtssuspension, der Uebertragung der vollziehenden Gewalt auf einen militärischen Befehlshaber und der Bildung außerordentlicher Gerichte. Jedenfalls wäre es schon ein Fortschritt, wenn das Wort „Ausnahmezustand" auf Fälle der vorstehenden Art beschränkt und nicht bei jeder Maßnahme aus Art. 48 gebraucht würde[1]).

Neben den an eine formalisierte Erklärung geknüpften festen Komplexen von Rechtsfolgen wird die Möglichkeit, andere (leichtere) Maßnahmen zu treffen — etwa im Sinne des Anordnungsrechts des Militärbefehlshabers nach § 9 b B.Z.G. nicht entbehrt werden können. Dabei muß aber das rechtsstaatliche Interesse eine Ausscheidung der provisorischen Gesetzgebung verlangen, was mit Aussicht auf Erfolg nur so möglich sein wird, daß man das nachweislich vorhandene Bedürfnis nach einem zur provisorischen Gesetzgebung ermächtigenden Notverordnungsrecht durch entsprechende Aenderung der Verfassung befriedigt.

2. Eine nicht minder große Gefahr wie für die Rechtssicherheit bedeutet Art. 48, solange das beschränkende Ausführungsgesetz fehlt, für die Rechtseinheit und Reichseinheit. Aus der reichsverfassungsmäßigen Uebertragung von Diktaturmaßnahmen an die Landesregierungen, die als Ersatz für die Aufhebung des landesrechtlichen Belagerungszustandes durch Art. 48 Abs. 4 in letzter Stunde vorgenommen worden ist, haben sich ungeahnte Schwierigkeiten ergeben. Gewiß wird gerade auch in dieser Richtung die von uns unter III begründete Möglichkeit der unmittelbaren Aufhebung von Maßnahmen auf Grund Art. 48 Abs. 4 durch Reichsgesetze und genügend delegierte Reichsverordnungen geeignet sein, manche gefährliche Spitze abzubiegen. Aber es ist andererseits zu bedenken, daß die Diktaturmaßnahmen den Landesregierungen in demselben fast unbeschränkten Umfange zur Verfügung gestellt sind, wie

[1]) Die Verordnungspraxis der Reichsregierung wendet selbst neuerdings das früher vermiedene Wort „Ausnahmezustand" an und bezeichnet damit auch nur einen engeren Begriff etwa im Sinne des Textes (s. o. S. 118 Anm. 1). Das Sachverzeichnis zum Reichsgesetzblatt scheidet schon seit 1921 „Ausnahmezustand" und „Ausnahmevorschriften."

dem Reichspräsidenten; das ergibt, namentlich bei radikaler Durchführung der Theorie, wonach die Landesregierungen hier Reichswillen bilden (s. oben S. 128 Anm. 1) Möglichkeiten von ganz bedrohlichem Ausmaß.

Auch hier wird das Ausführungsgesetz helfen und vor allem Klarheit darüber schaffen müssen, ob die Landesregierungen bei ihren Ausnahmemaßnahmen als Landes- oder Reichsorgane handeln. Entscheidet sich das Gesetz für die letztere Alternative, so muß es auch die Konsequenzen aus dem sogen. übertragenen Wirkungskreis ziehen. Die Landesregierungen, die als Organe des Reichs tätig werden, müssen — ganz entsprechend der Regelung des übertragenen Wirkungskreises bei den Gemeinden — insoweit den Reichsbehörden, besonders der Reichsregierung, unmittelbar unterstellt werden, sodaß die Reichsregierung schlechthin vorgesetzte Behörde wird, die ganze amtliche Tätigkeit beherrscht und durch Dienstbefehl, Abänderungsgewalt, möglicherweise auch Dienststrafe und Dienstzwang leitet. Dieses notwendige Korrelat jedes übertragenen Wirkungskreises fehlt in Art. 48, weil man in dem Art. 48 Abs. 4 einen übertragenen Wirkungskreis gar nicht erkannt hatte; das ist bekanntlich erst eine nachträgliche Entdeckung. In diesem Mangel aber wurzeln alle Schwierigkeiten, die sich aus Art. 48 Abs. 4 ergeben.

Die vorstehenden Wünsche für das Ausführungsgesetz sind für den Fall ausgesprochen, daß es zum Erlaß des Ausführungsgesetzes kommt. Ob das für die nächste Zeit zu erwarten oder auch nur zu wünschen ist, läßt sich nicht mit einem Worte bejahen. Die an jede Revolution anschließende Epoche der Verfassungskämpfe scheint noch nicht abgeschlossen, und es fragt sich, ob es unter diesen Umständen richtig ist, die von dem Verfassungsgesetzgeber gerade für diese Zeit der Kämpfe vorgesehene besonders weite Ermächtigung des Art. 48 einzuschränken. Gewiß sind derartig weite Ermächtigungen, wie sie Art. 48 namentlich in der von uns unter I vertretenen Auslegung ergibt, eine Gefahr im Sinne des Rechtsstaates, aber andererseits bleibt zu bedenken, daß dem Recht nicht mit der Einführung von Schranken gedient ist, deren Innehaltung sich nachher doch als unmöglich erweist. Solange Ausnahmezustände gewissermaßen die Regel bilden, ist eine Verwirklichung der Rechtsstaatsidee überhaupt nur beschränkt möglich. Jedenfalls ist es bezeichnend, daß H u g o P r e u ß (Zeitschrift für Politik Bd. 13, S. 105), der auf der einen Seite sich durchaus im rechtsstaatlichen Interesse für unbedingte Beschränkung der Ermächtigung aus Art. 48 Abs. 2 durch alle übrigen Verfassungsartikel und sogar für das Nachprüfungsrecht rücksichtlich der Voraussetzungen und der Mittel des Art. 48 Abs. 2 einsetzt, doch auf der anderen Seite das Ausführungsgesetz für die nächste Zeit ablehnt, „um der verfassungsmäßigen Diktatur ihre möglichst unbeschränkte Handlungsfreiheit zu erhalten, von der sie vermutlich noch in ganz anderer Weise als bisher wird Gebrauch machen müssen".

So lassen Sie mich die vielleicht unzeitgemäßen Wünsche für das Ausführungsgesetz durch den jedenfalls zeitgemäßen Wunsch ersetzen, daß vor allem anderen unser deutsches Volk physisch wie psychisch aus seinem Ausnahmezustand herauskommen möge.

2a. Leitsätze des Mitberichterstatters.

A. Entsprechend den Vorschlägen des ersten Herrn Berichterstatters.

B. Dazu werden noch folgende Leitsätze aufgestellt:

1. Gegenüber Verordnungen auf Grund Art. 48 Abs. 2 und Abs. 4 besteht kein richterliches Prüfungsrecht hinsichtlich folgender Punkte:

erhebliche Störung oder Gefährdung der öffentlichen Sicherheit und Ordnung;

Gefahr im Verzuge;

Notwendigkeit der Maßnahmen zur Wiederherstellung der öffentlichen Sicherheit und Ordnung.

2. Verordnungen auf Grund Art. 48 Abs. 2 oder 4 sind durch spätere Reichsgesetze oder genügend delegierte Verordnungen aufhebbar; Verordnungen nach Art. 48 Abs. 4 auch durch Verordnungen nach Art. 48 Abs. 2.

3. Wünsche für das Ausführungsgesetz (Art. 48 Abs. 5):

a) Festlegung eines bestimmten Komplexes von Rechtsfolgen, der sich an einen nur unter engen Voraussetzungen zulässigen formalisierten Akt anschließt;

b) Ausbau der Reichsaufsicht gegenüber den auf Grund Art. 48 Abs. 4 vorgehenden Landesregierungen.

3. Verhandlungsbericht zum Thema „Diktatur".

An der Diskussion beteiligten sich außer den beiden Berichterstattern die Herren Stier-Somlo (Köln), Piloty (Würzburg), Nawiasky (München), v. Jageman (Heidelberg), Apelt (Leipzig), Thoma (Heidelberg), Triepel (Berlin), Fleischmann (Halle), Anschütz (Heidelberg), Koellreutter (Jena), Heller (Leipzig), Waldecker (Königsberg), Jellinek (Kiel) und Bilfinger (Tübingen). Die Erörterung trug in der Hauptsache den Charakter einer Generaldebatte. Auf Einzelheiten, insbesondere auf die vom Mitberichterstatter unter B. aufgestellten Leitsätze wurde nur nebenher, soweit es zur Verdeutlichung der allgemeinen Ausführungen erforderlich war, eingegangen. So wurde z. B. die Frage der richterlichen Prüfung gegenüber Verordnungen auf Grund des Art. 48 Abs. 2 nur gelegentlich gestreift, indem der Meinung Ausdruck gegeben wurde, daß ein Prüfungsrecht wenigstens gegenüber offenbarem Mißbrauch des Ermessens, d. h. dann gegeben sei, wenn ein Zusammenhang der getroffenen Maßnahme mit ihrem angeblichen Zwecke überhaupt nicht hergestellt werden könne.

Die vom Berichterstatter und, mit einer Einschränkung, auch vom Mitberichterstatter vertretene Grundauffassung von der Bedeutung des Art. 48 Abs. 2—4 fand innerhalb der Versammlung nur wenig Unterstützung. Die weitaus größte Zahl der Redner stellte sich auf einen andern Standpunkt.

Die von den Berichterstattern für ihre Anschauung angezogene Entstehungsgeschichte der Verfassung, sowie die ins Feld geführten Regierungsäußerungen wurden, weil sich widersprechend und teilweise in ihren Motiven ungeklärt, für ebensowenig beweiskräftig angesehen wie die angeblich eindeutige Praxis auf dem fraglichen Gebiete. Es wurde geltend gemacht, daß es noch keine feste Praxis gäbe, daß es sich überdies ja gerade frage, ob eine geübte Praxis verfassungsgemäß sei. Widerspruch wurde insbesondere gegen die Auffassung des Berichterstatters erhoben, nach der die im Art. 48 Abs. 2 dem Reichspräsidenten gewährte Rechtsstellung von der Nationalversammlung als ein Provisorium aufgefaßt worden sei, das zu dauern habe, bis das in Abs. 5 vorbehaltene Reichsgesetz die rechtsstaatliche Umgrenzung einer „kommissarischen" Diktatur bringen würde. Vielmehr enthalte, wurde gesagt, der Abs. 2 eine endgültige Regelung, die durch das Ausführungsgesetz nur „näher", d. h. genauer bestimmt werden solle. Die schärfste Gegnerschaft fanden die Ausführungen des Berichterstatters über das Verhältnis zwischen den beiden Sätzen des Abs. 2, wonach ein erheblicher Unterschied zwischenden „Maßnahmen" des ersten Satzes und der „Außerkraftsetzung" der im zweiten Satze aufgezählten Grundrechte gemacht werden müsse, dergestalt, daß der zweite Satz nicht eine Einschränkung des ersten Satzes, sondern die Hinzufügung einer neuen Befugnis bedeute. Man wandte sich insbesondere gegen die hieraus gezogene Folgerung, daß der Reichspräsident bei Maßnahmen auf Grund des ersten Satzes an die Verfassung so gut wie gar nicht oder doch nur nach Maßgabe der vom ersten Berichterstatter unter 3 aufgestellten Leitsätze gebunden sei. Es wurde namentlich auf die mißlichen Konzequenzen hingewiesen, zu denen eine solche Auslegung des Art. 48 führen müsse. So wurde z. B. von einer Seite dargelegt, jene Auslegung würde es ermöglichen, daß die Landesregierungen mit Hilfe des Abs. 4 fast die ganze Reichsverfassung, der Reichspräsident mit Hilfe des Abs. 2 die Landesverfassungen, die Landesregierungen, zumal wenn man sie hier als „Reichsorgane" betrachte, mit Hilfe von Abs. 2 und 4 ihre Landesverfassungen abbauten.

Die Meinung ging im wesentlichen dahin, daß die Maßnahmen des Reichspräsidenten auf Grund des Abs. 2 die Reichsverfassung, die seinen Befugnissen gegenüber als eine Einheit aufzufassen sei, nicht antasten dürfen, und daß der zweite Satz des Abs. 2 die hierin geltenden Ausnahmen erschöpfend aufzähle. Dabei wurde mehrfach auf den zwar nicht formellen, aber innerlichen Zusammenhang des Art. 48 mit den ehemaligen Rechtssätzen über den Belagerungszustand hingewiesen. Es wurde z. B. als Zweck des Art. 48 bezeichnet, den Belagerungszustand des früheren Rechts in republikanisierter Form zu erneuern; das Wesen des Belagerungszustandes sei aber nicht die Außerkraftsetzung organisatorischer Bestimmungen, sondern die Verstärkung der Polizeigewalt in der Richtung von Eingriffen in die Grundrechte. Dabei bedeute allergings der Art. 48 implicite auch die Schaffung eines von der Reichsverfassung sonst vernachlässigten Notverordnungsrechts innerhalb der verfassungsmäßigen Schranken. Während die Berichterstatter solchen Ausführungen gegenüber darauf hinwiesen, nach der herrschenden Meinung lasse es sich nicht erklären, inwiefern der Reichspräsident im Gegensatze zu der verfassungsmäßigen

Regel des Art. 14 seine Anordnungen über den Kopf der Landesregierungen hinweg mit Hilfe beliebiger Organe durchführen könne, wurde von der andern Seite die Möglichkeit, in dieser Weise vorzugehen, als eine eben in dem Art. 48 selber vorgenommene Durchbrechung der verfassungsmäßigen Kompetenzverteilung zwischen Reich und Ländern bezeichnet, eine Durchbrechung, die eventuell auch durch argumentum a majori ad minus aus dem Rechte des Reichspräsidenten zu bewaffnetem Einschreiten hergeleitet werden könne.

Der baldige Erlass des durch Abs. 5 des Art. 48 verheißenen Ausführungsgesetz wurde es von vielen Seiten als eine dringende Notwendigkeit bezeichnet.

IV. Vereinigung der deutschen Staatsrechtslehrer.

Begründet am 13. Oktober 1922.

Vorstand.

1. Triepel, Dr. Heinrich, ord. Professor an der Universität Berlin, Erster Vorsitzender, Berlin-Grunewald, Humboldtstr. 34.
2. Anschütz, Dr. Gerhard, ord. Professor an der Universität Heidelberg, Zweiter Vorsitzender, Heidelberg, Ziegelhäuser Landstr. 35.
3. Stier-Somlo, Dr. Fritz, ord. Professor an der Universität Köln, Schriftführer, Köln-Marienburg, Marienburgerstr. 31.

Mitglieder.

1. Anschütz, Dr. Gerhard, ord. Professor der Rechte, Geheimer Justizrat, Heidelberg, Ziegelhäuser Landstr. 35.
2. Apelt, Dr. W., ord. Professor der Rechte an der Universität Leipzig, Ministerialrat a. D., Adresse: Dresden, Hospitalstr. 10b.
3. Bilfinger, Dr. Karl, Privatdozent an der Universität Tübingen, Wirklicher Legationsrat z. D., Stuttgart-Degerloch, Waldstr. 9.
4. Bornhak, Dr. Conrad, ord. Professor der Rechte, Geheimer Justizrat, Berlin S.W. 61, Blücherplatz 2.
5. Brie, Dr. iur. Dr. theol. h. c., Siegfried, ord. Professor der Rechte, Geheimer Justizrat, Breslau, Auenstr. 35.
6. Bruns, Dr. Viktor, ord. Professor der Rechte, Berlin-Zehlendorf West, Prinz Friedrich Karlstr. 21.
7. Bühler, Dr. Otmar, ord. Professor der Rechte, Münster i.W., Gertraudenstr. 15.
8. van Calker, Dr. Wilhelm, ord. Professor der Rechte, Geheimer Justizrat, Freiburg i. B., Josefstr. 15.
9. Dochow, Dr. Franz, a. o. Professor, Heidelberg, Leopoldstr. 37.

10. Dyroff, Dr. Anton, ord. Professor der Rechte, Geheimer Regierungsrat, München, Viktoriastr. 9.
11. Ebers, Dr. Godehard Josef, ord. Professor der Rechte, Köln-Marienburg, Ulmenallee 124.
12. Fleischmann, Dr. Max, ord. Professor der Rechte, Halle a. S., Stefanstr. 1.
13. Frisch, v., Dr. Hans, früher ord. Professor an der Universität Czernowitz, jetzt Privatdozent an der Universität Wien, XIX, Saarpl. 1.
14. Fürstenau, Dr. Wilhelm Hermann E., a. o. Professor der Rechte, Oberverwaltungsgerichtsrat, Berlin W. 15, Sächsischestr. 8.
15. Genzmer, Dr. Felix, ord. Professor der Rechte, Marburg a. L., Wilhelmstr. 52.
16. Gerber, Dr. Hans, Privatdozent an der Universität Marburg a. L., Schwanallee 44.
17. Giese, Dr. Friedrich, ord. Professor der Rechte, Konsistorialrat, Frankfurt a. M., Myliusstr. 41.
18. Gmelin, Dr. Hans G. A., ord. Professor der Rechte, Gießen, Wiesenstr. 2.
19. Glum, Dr. F., Privatdozent an der Universität Berlin, Berlin-Zehlendorf, Fürstenstr. 24.
20. Heckel, Dr., Privatdozent an der Universität, Berlin-Charlottenburg, Königin Luisenstr. 8.
21. Helfritz, Dr. Hans, ord. Professor der Rechte, Geheimer Regierungsrat, Breslau, Eichendorffstr. 63.
22. Heller, Dr. Hermann, Privatdozent, Leipzig-Stötteritz, Thiemstr. 2.
23. Henrich, Dr. phil. iur et rer. pol., Privatdozent an der Universität Wien, XVIII, Dittesgasse 40.
24. Hensel, Dr. Albert, a. o. Professor, Bonn, Blücherstr. 2.
25. Heyland, Dr., Privatdozent an der Universität Gießen, Amtsrichter a. D., Adresse: Frankfurt a. M., Gartenstr. 36 III.
26. Holstein, Dr. Günther, Privatdozent, Greifswald, Werderstr. 1 c.
27. Hübner, Dr. Rudolf, ord. Professor der Rechte, Geheimer Justizrat, Jena, Beethovenstr. 6.
28. Isay, Dr. Ernst, Privatdozent an der Universität Bonn, Richard Wagnerstr. 14.
29. Jacobi, Dr. Erwin, ord. Professor der Rechte, Leipzig, Mozartstr. 9.
30. Jagemann, v., Dr. Eugen, ord. Honorarprofessor, Wirkl. Geh. Rat, Gesandter a. D., Heidelberg, Märzgasse 18.
31. Jellinek, Dr. Walter, ord. Professor der Rechte, Kiel, Esmarchstr. 59.

32. Jerusalem, Dr. J. W., a. o. Professor an der Universität Jena. Humboldtstr. 21.
33. Kahl, Dr. Dr. D., Wilhelm, ord. Professor der Rechte, Geheimer Justizrat, M. d. R., Berlin-Wilmersdorf, Kaiser-Alle 23.
34. Kaufmann, Dr. Erich, ord. Professor der Rechte, Bonn, Schumannstr. 2 a.
35. Kelsen, Dr. Hans, ord. Professor der Rechte, Mitglied und ständiger Referent des Verfassungsgerichtshofs, Wien, VIII, Wickenburggasse 23.
36. Köhler, Dr. v. Ludwig, ord. Professor der Rechte, Staatsminister a. D., Tübingen.
37. Koellreutter, Dr. Otto, ord. Professor der Rechte, Oberverwaltungsgerichtsrat, Jena, Stoystr. 2.
38. Kraus, Dr. Herbert, ord. Professor der Rechte, Königsberg i. Pr. Scharnhorststr. 12.
39. Kulisch, Dr. Max, ord. Professor der Rechte, Innsbruck, Adolf Pichlerstr. 8.
40. Lamp, Dr. Karl, ord. Professor, Innsbruck, Höttinger Riedgasse 20 a.
41. Lassar, Dr. Gerhard, Privatdozent an der Universität, Berlin-Wilmersdorf, Helmstedter-Str. 23 II.
42. Laun, Dr. Rudolf, ord. Professor der Rechte, Hamburg 36, Moorweidenstr. 8.
43. Layer, Dr. Max, ord. Professor der Rechte, Graz, Elisabethstr. 43.
44. Lukas, Dr. Josef, ord. Professor der Rechte, Münster i. W., Mauritzstr. 25.
45. Marschall Freiherr v. Bieberstein, Dr. F. ord. Professor der Rechte, Freiburg i. B. Dreisamstr. 11.
46. Mayer, Dr. Otto, früher ord. Professor der Rechte an der Universität Leipzig, Geheimer Hofrat, Heidelberg, Zähringerstr. 4.
47. Menzel, Dr. Adolf, ord. Professor der Rechte, Hofrat, Wien, 19/15, Windhabergasse 2 a.
48. Merkl, Adolf, Dr., a. o. Professor der Rechte, Wien VIII, Burggasse 102.
49. Mirbt, Dr. H., Privatdozent an der Universität Göttingen, Grünerweg 4.
50. Nawiasky, Dr. Hans, a. o. Professor der Rechte, München. St. Annaplatz 8.
51. Neuwiem, Dr. R., ord. Professor der Rechte, Greifswald, Langefuhrstr. 14.
52. Oeschey, Dr. Rudolf, a. o. Professor an der Universität Leipzig, Adresse: München, Schellingstr. 1.
53. Perels, Dr. Kurt, ord. Professor der Rechte, Hamburg, Gustav Freytagstr. 7.

54. Piloty, Dr. Robert, ord. Professor der Rechte, Geheimer Hofrat, Würzburg, Konradstr. 3.
55. Pohl, Dr. Heinrich, ord. Professor der Rechte, Tübingen, Neckarhalde 55.
56. Preuß, Dr. Hugo, Professor, Reichsminister a. D., Berlin, Matthäikirchstr. 29.
57. Redlich, Dr. Josef, früher ord. Universitäts-Professor, Minister a. D., Wien XIX, Armbrustergasse 15.
58. Richter, Dr. Lutz, Privatdozent an der Universität, Leipzig-Schleußig, Schnorrstr. 40.
59. Rieker, Dr. Karl, ord. Professor der Rechte, Geheimer Justizrat, Erlangen.
60. Rosental, Dr. Eduard, ord. Professor der Rechte, Geheimer Justizrat, Jena, Kahlaischestr. 6.
61. Rothenbücher, Dr. Karl, ord. Professor der Rechte, München, Kaiserplatz 12.
62. Ruck, Dr. Erwin, ord. Professor der Rechte, Basel-Bottmingen, Neuenruck.
63. Sartorius, Dr. Karl, ord. Professor der Rechte, Tübingen, Wilhelmstr. 12.
64. Seidler, Dr. Ernst, früher ord. Professor an der Universität, jetzt Präsident, Wien XVIII, Hasenauerstr. 53.
65. Smend, Dr. Rudolf, ord. Professor der Rechte, Berlin-Nicolassee, Prinz Friedrich Leopoldstr. 45.
66. Schmidt, Dr. Richard, ord. Professor der Rechte, Geheimer Hofrat, Leipzig, Sternwartestr. 79.
67. Schmitt, Dr. Karl, ord. Professor der Rechte, Bonn, Endenicher Allee 20.
68. Schoen, Dr. Paul, ord. Professor der Rechte, Geheimer Justizrat, Göttingen, Merkelstr. 5.
69. Schönborn, Dr. W., ord. Professor der Rechte, Kiel, Bartelsallee 6.
70. Spiegel, Dr. Ludwig, ord. Professor der Rechte an der deutschen Universität, Senator der Tschecho-Slovakischen Republik, Prag II, Torysgasse 7.
71. Stier-Somlo, Dr. Fritz, ord. Professor des öffentlichen Rechts und der Politik an der Universität, Köln-Marienburg, Marienburgerstr. 31.
72. Strupp, Dr. Karl, Privatdozent an der Universität, Frankfurt a. M., Kettenhofweg 139.
73. Tatarin-Tarnheyden, Dr. Edgar, ord. Professor der Rechte, Rostock i. M., Baleckstr. 7 a.
74. Thoma, Dr. Richard, ord. Professor der Rechte, Geheimer Hofrat, Heidelberg, Ziegelhäuser Landstr. 17.
75. Triepel, Dr. Heinrich, ord. Professor der Rechte, Geheimer Justizrat, Berlin-Grunewald, Humboldtstr. 34.

76. Vervier, Heinrich, Dr. iur. und rer. pol., Regierungsrat, Privatdozent an der Universität Würzburg.
77. Waldecker, Dr. Ludwig, ord. Professor der Rechte, Königsberg i. Pr., Hagenstr. 9.
78. Wenzel, Dr. Max, ord. Professor der Rechte, Rostock i. M., Kaiser Wilhelmstr. 26.
79. Wittmayer, Dr. Leo, Tit. a. o. Professor, Ministerialrat, Wien, Schottenhof.
80. Wolgast, Dr. Ernst, Privatdozent an der Universität Königsberg i. Pr., Goltzallee 12 II.
81. Zorn, Dr. Philipp, ord. Professor der Rechte i. R., Geheimer Justizrat, Ansbach, Jüdtstr. 15.

V. Satzung[1].

§ 1.

Die Vereinigung der deutschen Staatsrechtslehrer stellt sich die Aufgabe:

1. wissenschaftliche und Gesetzgebungsfragen aus dem Gebiete des öffentlichen Rechts durch Aussprache in Versammlungen der Mitglieder zu klären;
2. auf die ausreichende Berücksichtigung des öffentlichen Rechts im Universitätsunterricht und bei staatlichen und akademischen Prüfungen hinzuwirken;
3. in wichtigen Fällen zu Fragen des öffentlichen Rechts durch Eingaben an Regierungen oder Volksvertretungen oder durch öffentliche Kundgebungen Stellung zu nehmen.

§ 2.

Zum Eintritt in die Vereinigung ist aufzufordern, wer an einer deutschen Universität als Lehrer des Staats- oder Verwaltungsrechts tätig ist oder gewesen ist und sich der wissenschaftlichen Forschung auf dem Gesamtgebiete dieser Wissenschaften gewidmet hat.

Die Aufforderung geschieht auf Vorschlag eines Mitglieds durch den Vorstand. Ist dieser nicht einmütig der Ueberzeugung, daß der Vorgeschlagene die Voraussetzungen für den Erwerb der Mitgliedschaft erfüllt, so entscheidet die Mitgliederversammlung.

Als deutsche Universitäten im Sinne des Absatz 1 gelten die Universitäten des deutschen Reichs, Oesterreichs und die deutsche Universität zu Prag.

Staats- und Verwaltungsrechtslehrer an anderen deutschen Universitäten außerhalb des Deutschen Reiches können auf ihren Antrag als Mitglieder aufgenommen werden.

Für Lehrer des Staats- und Verwaltungsrechts, die früher an einer deutschen Universität im Sinne des Absatz 3 tätig gewesen sind, aber jetzt bei einer ausländischen Universität tätig sind, gilt Absatz 3 und 4.

---

[1]) Beschlossen am 13. Oktober 1922.

§ 3.

Eine Mitgliederversammlung soll regelmäßig einmal in jedem Jahre an einem vom Vorstande zu bestimmenden Orte stattfinden. In dringenden Fällen können außerordentliche Versammlungen einberufen werden. Die Tagesordnung wird durch den Vorstand bestimmt.

Auf jeder ordentlichen Mitgliederversammlung muß mindestens ein wissenschaftlicher Vortrag mit anschließender Aussprache gehalten werden werden.

§ 4.

Der Vorstand der Vereinigung besteht aus einem Vorsitzenden, seinem Stellvertreter und einem Schriftführer, der auch die Kasse führt. Der Vorstand wird am Schlusse jeder ordentlichen Mitgliederversammlung neu gewählt. Der Vorsitzende und sein Stellvertreter dürfen innerhalb eines Zeitraums von sieben Jahren nur einmal wiedergewählt werden.

Zur Vorbereitung der Mitgliederversammlung kann sich der Vorstand durch Zuwahl anderer Mitglieder verstärken. Auch ist Selbstergänzung zulässig, wenn ein Mitglied des Vorstandes in der Zeit zwischen zwei Mitgliederversammlungen ausscheidet.

§ 5.

Zur Vorbereitung ihrer Beratungen kann die Mitgliederversammlung, in eiligen Fällen auch der Vorstand, besondere Ausschüsse bestellen.

§ 6.

Ueber Aufnahme neuer Mitglieder im Falle des § 2 Abs. 2 sowie über Eingaben in den Fällen des § 1 Ziffer 2 und 3 und über öffentliche Kundgebungen kann nach Vorbereitung durch den Vorstand oder einen Ausschuß im Wege schriftlicher Abstimmung der Mitglieder beschlossen werden. Mit Ausnahme der Entscheidung über die Aufnahme neuer Mitglieder bedarf ein solcher Beschluß der Zustimmung von zwei Drittel der Mitgliederzahl, und es müssen die Namen der Zustimmenden unter das Schriftstück gesetzt werden.

§ 7.

Der Mitgliedsbeitrag beträgt bis fünf[1]) Mark für das Kalenderjahr.

---

[1]) Beschlossen am 12. April 1924.

Bei Fragen zur Produktsicherheit wenden Sie sich bitte an:
If you have any questions regarding product safety,
please contact:

Walter de Gruyter GmbH
Genthiner Straße 13
10785 Berlin
productsafety@degruyterbrill.com